국 가 자 격 증
한 번에
합격하라

국가자격증
한 번에 합격하라

* 구 제목: 국가자격증 시험 한 번에 합격하기

초판 1쇄 발행 2013년 7월 20일

지 은 이 황새벽
발 행 인 권선복
편집주간 김정웅
디 자 인 김혜림 · 최새롬
마 케 팅 서선교
전 자 책 신미경
발 행 처 도서출판 행복에너지
출판등록 제315-2011-000035호
주 소 서울특별시 강서구 화곡로 232
전 화 0505-613-6133
팩 스 0303-0799-1560
홈페이지 www.happybook.or.kr
이 메 일 ksb6133@naver.com

값 12,000 원
ISBN 978-89-97580-92-7   13300

도서출판 행복에너지는 독자 여러분의 아이디어와 원고 투고를 기다립니다. 책으로 만들기를 원하는 콘텐츠가 있으신 분은 이메일이나 홈페이지를 통해 간단한 기획서와 기획의도, 연락처 등을 보내주십시오. 행복에너지의 문은 언제나 활짝 열려 있습니다.

합격의 논리를 정확하게 파악한다

국 가 자 격 증
한 번에
합격하라

황새벽 지음

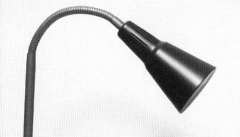

수험의 성패를 가르는 힘은 능력이 아닌 노력!

도서
출판 행복에너지

서 문

　세상에서 변하지 않는 유일한 진리는 '모든 것은 변한다'는 사실이다. 인류는 농경 시대와 산업 시대를 거쳐 인터넷을 기반으로 한 지식 정보화 시대에 살고 있다. 전기나 전화처럼 인터넷도 인류 문명사에 획을 긋는 큰 혁명이다. 지금은 언제, 어디서나 인터넷에 접속해 필요한 정보를 얻는 세상이 되었다.

　정보는 과거보다 훨씬 중요한 인프라가 되었다. '얼마나 빨리 정보를 얻느냐'는 사람들이 처한 당장의 현실뿐만 아니라 사람들의 미래에도 영향을 미친다. 다른 한편으로는 넘치는 지식과 정보 속에서 믿을 수 있는 정보를 어떻게 선택할 것인가의 문제도 중요한 이슈가 되었다.

　필자는 2년 전 3월부터 경영지도사 시험을 준비해서, 1차 양성 과정 시험과 2차 시험을 모두 통과하여 10월에 최종 합격을 통보받았다. 그러자 많은 사람들이 놀라워하고 부러워했다. 그들은 필자에게 전공과도 무관한데 어떻게 한 번에 합격할 수 있었냐고 물어보았다.

공부법을 묻는 그들에게 필자가 공부한 방법과 경험담을 알려 주고 싶었다. 하지만 그 당시에는 정리된 특별한 나만의 공부법이 있지 않았다. 필자 나름의 절박한 심정으로 주어진 모든 시간을 무조건 공부에만 투자해서 매달리는 것뿐이었다.

이때 경험으로 공부란 하려는 의지만 있으면 누구나 할 수 있다는 것을 알게 되었다. 하지만 보통 사람들은 직장에 다니며 일과 공부를 병행해야 하므로 하루 종일 공부에만 매달릴 수는 없다.

필자는 경영지도사 시험에 합격하고 실무에 종사하면서 관련된 공부를 계속하였다. 이런 과정을 통해 필자는 본인도 모르게 필자가 생각하는 효과적인 공부 방법대로 공부를 하고 있다는 것을 깨달았다.

어쩌면 이 방법은 사실 새로울 것도 특별한 것도 아닌 이미 모두가 알고 있는 방법일지도 모른다. 하지만 같은 공부법으로 공부해도 그 공부법이 왜 효과적인지 알고 공부하는 것과 모르고 공부하는 것에는 하늘과 땅만큼이나 큰 차이가 있다.

그러자 예전에 필자가 경영지도사 시험에 막 합격했을 당시 어떻게 공부했느냐고 일일이 물어보던 주위 사람들이 생각이 났고, 공부하는 일이 낯설고 두려운 중장년층과 국가 자격증 시험공부를 하는 많은 수험생들에게 도움이 되고 싶었다.

그래서 경영지도사 시험공부를 하면서 느낀 경험을 되살려 효율적으로 공부하는 방법을 이론적인 설명과 함께 도움이 되도록 정리하였다. 특히 수험생들이 가장 힘들어 하는 논술식 2차 시험 공부 방법 위주로 내용을 실었다.

예전에 잠시 아이들을 가르친 경험도 큰 도움이 되었다. 이 경험은 필자에게 할 수 있다는 자신감과 왜 해야 하는지에 대한 동기부여가 있으면, 학습 효과가 더욱 올라간다는 것을 알려주었다.

국가 자격증 시험을 준비하는 데는 학원 수업 등을 통해 단순히 지식을 전달 받는 것 이외에 공부 방법 같은 수험 경험에서 나오는 조언이 필요하다는 것을 알게 되었다.

특히 가장 어렵게 느껴지는 논술식 2차 시험을 공부하는 방법과 시험 요령을 알려 주고 정신적인 격려를 하는 멘토가 절실히 필요함을 느꼈다. 국가 자격증 시험은 일 년에 한 차례만 있는 경우가 많아, 긴 시간 동안 컨디션을 조절하며 자신과 싸워 이겨야 합격할 수 있다.

이 책에 나온 공부법을 따라 공부하면 훨씬 쉽게 국가 자격증시험을 준비할 수 있을 것이라고 생각한다. 또 국가 자격증 시험에 합격해 성취감과 새로운 기회를 얻을 것이라 생각한다. 이 책은 긴 시간을 자신과 싸워 이겨야 하는 국가 자격증 시험 수험생들에게 자신감을 주고 동기부여를 할 것이다.

이 책에는 직접 체험해야만 알 수 있는, 경험에서 나온 여러 수험요령을 실었다. 독학으로 국가 자격증 시험을 준비하는 수험생뿐만 아니라 학원에 다니는 수험생들에게도 많은 도움이 될 것이다.

하지만 이 책에는 개별 국가 자격증에 대한 향후 전망이나 취득 방법, 취업에 대한 내용을 싣지 않았다. 그런 류의 정보들은 인터넷검색으로도 수없이 많은 정보를 얻을 수 있을 것이다.

어떤 자격증을 선택할 것인가는 신중하게 판단해야 한다. 흔히 전망이 있다고 여기던 자격증들도 시대 변화나 정부 정책의 변화로 수시로 위상이 달라진다. 자기 적성을 무시하고 섣불리 판단해서 결정하면 향후에 곤란한 상황을 맞을 수도 있다.

인터넷에 전망이 있다고 소개되는 자격증 정보도 한편으로는 말하는 사람의 개인적인 의견일 뿐이다. 물론 모두가 그런 것은 아니지만 자격증과 관련한 학원 관계자나 교재를 판매하는 사람, 온라인 강좌 제공자들이 부풀려 선전하는 경우가 많다.

필자는 이 책을 통해 국가 자격증을 준비할 때, 미리 고려할 사항은 무엇인지, 반드시 짚고 넘어갈 부분은 무엇인지 강조하고자 했다. 막연히 자격증 학원이나 인터넷 사이트의 상업적 마케팅 정보에만 의지해서는 안 된다.

우리의 미래는 우리가 생각하는 것보다 훨씬 더 길어졌다. 평생 동안 한 가지 직업에 종사하며 살았던 시대는 막을 내렸다. 우리는 제2의 인생을 준비해야 한다. 하지만, 나이를 먹으면 새로운 시도를 하는 것이 쉽지 않다. 많은 용기가 필요하다. 사람들은 공부가 자신에게 성취감과 새로운 기회를 줄 것을 잘 알지만, 두려움 때문에 공부하기를 망설인다. 공부는 투자금도 필요 없고, 위험 부담도 없다. 자신감과 동기부여, 인내심만 가지면 된다. 또 효과적인 공부법을 알면 공부가 생각만큼 어렵지도 않다.

어떤 형태든 공부를 계속하고 있는 사람에게는 필자가 쓴 내용이 대단하게 보이지 않을지도 모른다. 공부를 계속하고 있는 필자에게도 이런 내용들이 대단하게 느껴지는 것은 아니다. 또한 이 책은 소설책처럼 재미있는 책도 아니다. 하지만, 독자들을 고도의 정신적인 영역으로 인도하여 국가 자격증 시험의 객관식 1차 시험과 논술식 2차 시험 그리고 논술식 2차 시험 답안 작성요령 등을 구체적으로 알려주어서, 합격을 향해 가는 긴 여정에 정신적인 가이드 역할을 해 줄 것이라고 믿는다.

국가 자격증 수험생이 아니라도 공무원 시험 준비생과 고시생, 대입 수험생, 주부들, 일반 청소년들도 이 책을 읽고 공부법을 익혀서 공부가 생각보다 그렇게 어려운 것이 아니라는 사실을 알았으면 좋겠다.

공부하고 싶은 마음이 있지만 오랫동안 공부를 하지 않아서 공부하기를 주저하고 섣불리 시도하지 못하는 많은 사람들에게 그리고 인생에 있어 어떤 전환점이 꼭 필요한 사람들에게 이 책이 용기와 자신감을 줄 수 있기를 희망한다.

수험생이 공부라는 자신과의 길고 외로운 싸움에서 중도(中途)에 길을 잃지 않고 목표까지 무사히 도착할 수 있도록 인도하는 편안한 안내자가 되고 싶다. 또한 이 책이 독자들에게 불안한 미래에 희망과 기회를 줄 수 있는 또 다른 계기가 되었으면 좋겠다.

2012년 2월 16일

황 새 벽

차 례

I

국가 자격증 시험에 대한 기본

1장

국가 자격증 시험에 대해
알아야 할 기본적인 사항들

국가 자격증이란 각 분야에서 일정한 능력을 갖춘 사람에게 국가가 그 능력을 인정해서 주는 증명서다. 이 국가 자격증을 얻으려면 국가가 인정하는 시험을 통과해야 한다.

국가 자격시험은 보통 일 년에 한 차례 또는 두 차례 실시된다. 자격시험은 1차 시험과 2차 시험으로 이루어지는데, 1차는 객관식 필기시험이고 2차는 논술식 또는 주관식 필기시험이다. 또 국가 기술 자격시험은 1차는 필기시험, 2차는 실기시험으로 구성된다.

국가 자격시험은 1차 시험을 합격해야 2차 시험에 응시할 자격을 얻는다. 필자는 이 책에 국가 기술 자격시험보다 국가 전문자 격시험을 준비하는 방법을 주로 실었다. 그중에서도 대부분의 국가 자격시험 수험생들이 어려워하는 논술식 2차 시험을 공부하는 방법을 집중적으로 다뤘다.

대부분의 국가 전문 자격시험의 합격 기준은 다음과 같다. 1차 시험인 경우에는 과목마다 40문항 또는 25문항이 출제되며, 100점 만점을 기준으로 각 과목마다 40점 이상 그리고 전체 평균이 60점 이상을 얻어야 합격한다. 2차 시험도 과목마다 40점 이상을 얻어 과락(科落)이 없는 가운데 전체 평균이 60점 또는 70점 이상을 얻어야 합격한다.

1차 시험은 사지선다형 또는 오지선다형 객관식 시험으로, 대부분 문제은행식으로 시험문제가 출제된다.(물론 모든 시험이 그런 것은 아니다.) 문제은행식의 문제 출제란 해당 연도에 새롭게 임명된 출제자가 낸 새로운 문제들로 모두 시험을 치루는 것이 아니라, 기존의 기출 문제들을 보관해 두었다가 새로 만든 문제들과 섞은 다음 랜덤(random)식으로 추출해서 문제를 내는 방식이다.

문제은행식으로 출제된 시험에는 기존에 나왔던 문제가 나올 수 있고, 비슷하지만 다른 문제도 있을 수 있으며, 전혀 새로운 문제가 출제 될 수도 있다. 문제은행식 출제에서는 새롭게 출제되는 문제라도 전혀 새로운 문제가 아니다. 기존에 나왔던 문제가 다시 반복해서 나오거나 응용해서 나올 확률이 높다. 기존 문제에서 60%까지 출제되는 시험도 있다. 기출문제 풀이 위주의 공부만 해도 최소한 과락은 면할 수 있고, 여러 과목 가운데 자신 있는 과목을 집중적으로 공부해서 많은 점수를 얻으면 평균 점수를 올려 쉽게 합격할 수 있다.

1차 시험은 반복학습법과 기출문제 풀이 방법으로만 공부해도 어렵지 않게 합격할 수 있다. 하지만, 논술식 2차 시험은 그렇지 않다. 논술식 2차 시험은 1차 시험과는 다른 방법으로 공부해야 한다. 논술식 시험은 우리가 학교에 다닐 때 치르던 시험 방식과는 많이 다르다. 따라서 많은 수험생이 크게 어려움을 느끼는 부분이다.

논술식 2차 시험에 합격하려면 1차 객관식 시험보다 더 깊이 있는 공부가 필요하다. 1차 시험은 기출문제들을 반복적으로 학습해서 눈에 익히기만 해도 문제를 풀 수 있다. 하지만, 논술식 2차 시험은 깊이 있는 공부로 학습 내용을 온전히 내 것으로 만들지 않으면 절대로 좋은 점수를 받을 수가 없다. 논술식 2차 시험을 준비

국가 자격증 시험 한 번에 합격하기 **17**

하는 데는 1차 시험보다 더 많은 시간과 노력이 필요하다.

국가 자격증 시험은 1차 시험을 합격해야만 2차 시험을 볼 자격을 얻는다. 따라서 먼저 1차 시험에 합격하는 것을 목표로 삼아야 한다. 하지만, 1차 시험과 2차 시험을 같은 해에 마치려면 1차 시험을 공부하는 틈틈이 2차 시험도 공부해야 한다.

1차 시험과 함께 2차 시험을 공부하면 1차 시험 준비 때문에 2차 시험을 깊이 있게 공부하기가 어렵다. 하지만, 책 내용이 잘 이해가 되지 않더라도 처음부터 끝까지 한 번만 읽어 두면 나중에 2차 시험을 공부할 때 많은 도움이 된다. 그 이유는 〈3부-공부에도 왕도는 있다〉에서 상세히 설명하겠다.

대부분의 국가 자격시험이 절대 평가라서 수험생이 일정 점수 이상을 얻으면 합격이다. 하지만, 정책에 따라 어쩔 수 없이 인원을 조정해야 하는 경우도 생긴다. 이런 경우에는 문제를 어렵게 내거나 채점을 까다롭게 한다. 따라서 상대 평가의 개념을 완전히 무시할 수는 없다.

우리가 국가 자격증 시험을 준비하는 모든 수험생의 실력을 파악할 수는 없다. 하지만, 자신의 실력이 어느 정도이고 어디가 부족한지는 반드시 알아야 한다. '이 정도면 되겠지'라는 생각은 금물이다. 어느 책의 어느 부분에서 문제가 나올지 모르므로, 해당 과목을 모르는 부분이 없이 완벽하게 소화해서 내 것으로 만든다는 생각으로 2차 시험을 준비해야 한다.

논술식 2차 시험에 대한 구체적인 공부 방법은 〈3부-공부에도 왕도는 있다〉에서 중점적으로 다루었으므로 그 부분을 정독해주기 바란다.

여러 가지 국가 자격증 시험의 정확한 일정은 해마다 조금씩 다르다. 연말에 산업인력공단(http://www.q-net.or.kr/)이 다음 해의 시험 일정을 공지하므로, 산업인력공단 사이트에서 일정을 반드시 확인해야 한다. 이곳에는 자격증마다 홈페이지가 따로 마련되어 있어, 준비할 시험 과목, 시험 일정, 수험자 유의 사항, 변동 사항 같은 상세한 시험 정보를 얻을 수 있다.

🍀 핵심 요점 정리

- 국가 자격시험은 보통 일 년에 한 차례 또는 두 차례 실시되고 1차 시험과 2차 시험으로 구성된다. 1차는 객관식 필기시험, 2차는 논술식 또는 주관식 필기시험. 국가 기술 자격시험은 1차는 필기시험, 2차는 실기시험으로 구성된다.

- 대부분의 국가 전문 자격시험의 합격 기준은 1차 시험인 경우에는 과목마다 40문항 또는 25문항이 출제되며, 100점 만점을 기준으로 각 과목마다 40점 이상 그리고 전체 평균이 60점 이상을 얻어야 합격할 수 있다.

- 2차 시험도 과목마다 40점 이상을 얻어 과락(科落)이 없는 가운데 전체 평균이 60점 또는 70점 이상을 얻어야 합격한다.

- 1차 시험과 2차 시험을 같은 해에 모두 합격하려면 1차 시험을 공부하는 틈틈이 2차 시험도 공부해야 한다.

- 여러 가지 국가 자격증 시험의 정확한 일정은 해마다 조금씩 다르다. 연말에 산업인력공단(http://www.q-net.or.kr/)에서 다음 해의 시험 일정을 공지하므로, 산업인력공단 사이트에서 일정을 반드시 확인하도록 하자.

2장

│ 공부를 해야하는 이유 │

　돈이 없어도, 학벌이 없어도, 얼굴이 못생겨도 노력한 만큼 보상을 받고 결과물을 얻을 수 있는, 스스로를 증명할 가장 확실한 방법이 무엇일까? 우리는 진지하게 고민해야 한다.

　작은 점포를 얻어 치킨 집을 시작하려 해도 투자금이 필요하다. 어렵게 투자금을 마련해도 모든 문제가 해결되는 것이 아니다. 장사를 시작하면 크든 작든 또 다른 문제가 생긴다. 작은 치킨 집을 운영하는 데도 리스크가 많다. 프랜차이즈 형태의 창업이 실패 위험을 조금이라도 줄일 수 있겠지만 그것 또한 쉬운 일이 아니다.

무슨 일이든 해당 분야에 대한 경험이나 제대로 된 지식 없이 무턱대고 일을 벌이는 것은 섶을 지고 불 속으로 뛰어들거나 아무런 무기도 없이 전쟁터로 달려가는 것과 같다. 무모한 짓이다.

아무리 만반(萬般)의 준비를 갖춰도 새로운 일에 뛰어들어 성공하는 사람은 상위 몇 퍼센트에 불과하다. 하지만, 대부분의 사람들은 자신도 당연히 그 상위 몇 퍼센트에 들어갈 것으로 착각한다. 얼마 지나지 않아 일부를 제외한 나머지 사람들은 자신의 생각이 허상이었음을 알게 된다.

창업이 무모하니 무조건 하지 말라는 뜻이 아니다. 어떤 일을 시작하든 사전에 공부하고 학습하는 시간이 필요하다.

각자가 처한 상황에 따라 공부할 것이 많다. 창업을 위한 공부도 있고, 학창 시절에 못다 한 공부를 다시 시작하는 공부도 있고, 자격증을 따려는 공부도 있다.

여러 공부 가운데 국가 자격증 공부는 크게 비용을 들이지 않고도, 빠르고 확실하게 스스로를 증명하고 퀄리티(quality)를 높이는 방법이라고 필자는 생각한다. 스스로에게 자존감과 해냈다는 성취감을 안겨 주고, 경력과 진로에도 많은 도움이 되기 때문이다.

다만 국가 자격증에 도전하기 전에 반드시 자격증을 따겠다는 굳은 의지가 필요하다. 또 자격증을 가지고 무엇을 할 수 있는지, 무엇을 할 것인지에 대한 구체적인 로드맵(road map)을 완성해야 한다.

대부분의 사람들은 국가 자격증 공부를 힘들고 부담스럽게 생각한다. 필자도 마찬가지였다. 공부는 원래 어려운 것이다. 하지만 공부만 어렵겠는가? 세상 일이 모두 마찬가지다. 무엇이든 처음에는 다 어렵다. 하지만 한차례 하고 나서 쉽게 하는 방법을 깨달으면 그다음에는 결코 어렵지 않다. 시험공부도 마찬가지다. 해보면 그리 어렵지 않다는 것을 알 수 있다.

처음 시작이 어려워서 그렇지, 한 번 하고 나서 그 맛을 알면 성취감 때문에 계속하고 싶은 것이 공부다. 게다가 누군가가 쉽게 공부하는 방법을 알려준다면, 그 방법이 효과가 있다는 확신을 준다면 아주 즐거운 마음으로 공부할 수 있을 것이다. 고기도 먹어본 사람이 잘 먹는다. 공부도 일종의 근력 운동이다. 하면 할수록 는다.

‘공부가 제일 쉬었어요’라든가 ‘물려줄 게 없는 부모는 공부하는 방법을 가르쳐라’같은 책이 나오는 데는 다 이유가 있다. ‘물고기를 주기보다 고기를 잡는 방법을 가르쳐라’는 말이 있다. 직업에 귀천이 없지만 세대에 따라 직업마다 효율은 다르다. 오늘 날에는 공부법을 알려주는 것이 물고기 잡는 법을 가르쳐 주는 것보다 효율이 높다. 자식에게 공부법을 가르치는 것은 다른 어떤 유산보다 귀하고 값지다.

공부는 고대(古代)부터 지금까지 인류가 쌓은 모든 지식과 지혜를 자기 것으로 만드는 가장 효과적인 방법이다. 또 자본주의의 무한경쟁사회에서 특별한 배경이 없이도 성공할 수 있는 핵심 패스워드(password)다.

모든 사람이 공부의 비밀을 아는 것은 아니다. 모든 사람이 알면 비밀이 아니다. 인류의 상위 몇 퍼센트에 해당하는 엘리트 집안에만 공부의 비밀이 전해지고, 그들이 대대로 습득한 지혜와 지식으로 무장한 채 눈에 띄지 않게 인류를 지배하고 있는지도 모르겠다.

찢어지게 가난해도 자식들에게 공부를 시키려고 노력했던 우리 조상들은 공부의 비밀을 알았다. 비록 스스로는 공부할 기회를 얻지 못해 무식하더라도. 공부는 우리가 죽는 날까지 계속해야 하는 일종의 생활 태도나 일상이다.

우리는 여러 경로를 통해 지식을 습득한다. 학교에 다닐 때는 책과 선생님을 통해 지식을 얻는다. 학교를 졸업하고 성인이 되면 책보다 실생활에서 다른 사람들과 관계를 쌓으며 배우는 경로에 의존한다. 물론 이것도 중요하다. 하지만 책의 중요성을 잊으면 안 된다.

책을 통해 여러 분야의 지식을 쌓고 견문을 넓히면 삶의 질이 높아진다는 것을 명심해야 한다. 책은 세대와 공간을 초월한 지혜를 얻을 수 있다. 책을 읽고 공부하는 것을 일상(日常)으로 만들자.

국가 자격증 시험과 관련이 없는 어떤 공부라도 공부는 중요한 일이다. 공부가 단순히 지식만 전달하고 학습 능력만 키우는 것이 아니다. 운동을 계속 하면 안 쓰던 근육도 튼튼하게 변하듯이 공부를 하면 뇌세포가 활성화돼서 생각하는 능력이 자라고 세상을 보는 시야와 사고의 폭이 넓어진다. 공부는 지적 능력을 키워서 사물의 본질을 제대로 볼 수 있게 하고 판단력을 키워준다.

🍀 핵심 요점 정리

- 어느 일이든 해당 분야에 대한 경험이나 제대로 된 지식을 가지고 충분한 준비를 한 후 뛰어들어야 한다.

- 공부를 시작하기 전에 자격증을 가지고 무엇을 할 수 있는지, 무엇을 할 것인지에 대한 구체적인 로드맵(road map)을 완성해야 한다.

- 여러 공부 가운데 국가 자격증 공부는 크게 비용을 들이지 않고도, 빠르고 확실하게 스스로를 증명하고 퀄리티(quality)를 높이는 방법이다.

- 공부는 고대(古代)부터 지금까지 인류가 쌓은 모든 지식과 지혜를 자기 것으로 만드는 가장 효과적인 방법이다. 또 자본주의의 무한경쟁사회에서 특별한 배경이 없이도 성공할 수 있는 핵심 패스워드(password)이다.

3장

| 내 몸에 맞는 자격증 찾기 |

지금 국내에는 많은 자격증이 있다. 국가 전문 자격증이 약 200여 종, 국가 기술 자격증이 약 500여 종이 있다. 여기에 국가공인 민간 자격증까지 더하면 약 1,000여 종이 넘는 자격증이 있다. 이들 자격증 가운데 어느 것이 자신의 적성과 진로에 맞고, 사회 트렌드에 부합하며, 수입을 창출해서 생활에 도움을 줄지 살펴야 한다.

국가 자격증에도 수요가 적거나 고유 업무 영역이 없어 당장에

수입을 내기가 어려운 것도 있다. 자격증이 있어도 그 일을 하기 위해서는 해당 분야에 종사한 경력이 필요한 것도 있다. 또 시대에 뒤떨어져 쓸모가 없는 자격증도 있다. 한편, 일을 하려면 해당 자격증이 반드시 필요한지, 자격증이 없어도 일을 할 수 있는 지, 자격증이 필요하지는 않지만 자격증이 있으면 경력(career)을 쌓는 데 도움이 되는지 등도 꼼꼼하게 따져야 한다. 민간 자격증이거나 당장에는 돈을 버는 데 별 도움이 안 되는 자격증이라도 경력에 전문성을 강화하는 역할을 해 시너지 효과를 낳는다면 장기적인 안목에서 공부할 필요가 있다.

자격증과 관련한 자세한 정보는 인터넷을 검색하거나 자격증관련 자료집을 구하면 알 수 있다. 다음에 나오는 〈4장-정부 부처별 국가 자격증 목록〉에 여러 가지 국가 자격증들을 정부 부처별로 정리하였다. 참고하기 바란다.

자격증 시험과 연관된 전문 학원들은 자격증의 좋은 점을 과장해서 말하는 경향이 있다. 하지만 아무리 좋은 자격증이라도 자신과는 맞지 않을 수 있다. 자기 적성과 진로, 자격증을 얻은 다음의 로드맵을 따져서 준비해야지, 무조건 자격증 관련 전문 학원들의 상업적 홍보나 마케팅에 의존해서 판단하면 안 된다.

어떤 분야든 자격증을 따고 해당 직종에서 일하거나 관련 직종에 종사하는 사람만큼 현실을 제대로 아는 사람은 없다. 이런 사람들과 직접 접촉해 물어보는 것이 가장 좋은 방법이다. 만약 지인이 있다면 큰 도움이 될 것이다.

인터넷에는 자격증 관련 사이트들이 많다. 모두 도움이 되겠지만, 한국산업인력 공단이 제공하는 정보가 가장 확실하다. 한국산업인력 공단에서 운영하는 자격증 관련 사이트(http://www.q-net.or.kr/)를 검색하는 것이 좋다.

무슨 공부를 할 것인가는 오롯이 독자 여러분의 몫이다. 필자는 이 책에서 어떤 자격증이 유망한지, 그 자격증을 어떻게 따는지, 자격증을 취득한 다음 어떻게 취업할지에 대한 언급을 하지 않는다. 흔히 전망이 있다고 여기던 자격증들도 시대 변화나 정부 정책의 변화, 국가 경기의 변동으로 수시로 위상이 달라지기 때문이다.

앞에서 거론한 내용들은 인터넷을 검색하면 포털사이트의 카페나 블로그 등을 통해 많이 접할 수 있다. 필자는 그런 정보를 볼 때 유의할 점만 조언한다. 어쩌면 이것이 더 중요할 지도 모른다.

카페나 블로그 등에 있는 자격증 관련 정보를 참고하는 것은 좋다. 하지만 신봉해서는 안 된다. 단지 글을 쓴 누군가의 의견일 뿐이다. 앞으로 트렌드(trend)가 어떻게 바뀔지는 아무도 모른다. 또 자격증 관련 학원이 수강생을 모집하려고, 누군가가 온라인 강좌나 교재를 팔려는 목적으로 올린 정보가 아닌지 의심할 필요도 있다.

자격증 하나만 따면 모든 상황이 바뀔 거라는 기대는 옳지 않다. 자격증이 자신의 경력과 향후 진로에 어떤 플러스 요인으로 작용할지 따져 보는 것이 중요하다.

다음 장에는 현존하는 국가 전문 자격증과 국가 기술 자격증을 부처별 또는 시험 주관별로 실었다. 민간 자격증까지 더하면 더 많은 자격증이 있겠지만, 이곳에는 국가 자격증만 담았다.

그중에는 우리가 잘 아는 자격증도 있고 처음 보는 자격증도 있다. 또 워드프로세서 자격증처럼 오늘날에는 의미가 적은 자격증도 있다. 생각지도 못한 자격증이 많이 있음을 알고 놀랄지도 모른다.

모든 자격증이 다양한 사람들의 삶에는 의미가 있다. 내가 지내온 시간들, 나의 꿈, 제2의 인생을 위한 앞으로의 비전을 생각하며 경력과 진로에 맞는 국가 자격증을 선택해 도전하기를 바란다.

🍀 핵심 요점 정리

- 국내에는 국가 전문 자격증이 약 200여 종, 국가 기술 자격증이 약 500여 종이 있다. 여기에 국가공인 민간 자격증까지 더하면 약 1,000여 종이 넘는 자격증이 있다.

- 자기 적성과 진로, 자격증을 얻은 다음의 로드맵을 따져서 준비해야지, 무조건 자격증 관련 전문 학원들의 상업적 홍보나 마케팅에 의존해서 판단하면 안 된다.

- 자격증 하나만 따면 모든 상황이 바뀔 거라는 기대는 옳지 않다. 자격증이 자신의 경력과 향후 진로에 어떤 플러스 요인으로 작용할지 따져 보는 것이 가장 중요하다.

4장

| 정부 부처별 국가 자격증 목록 |

국가 자격증은 크게 국가 전문 자격증과 국가 기술 자격증으로 나뉜다. 두 가지 국가 자격증을 모두 합하면 약 700여 개가 된다. 물론 민간 자격증까지 더하면 그 수는 훨씬 많다.

이 장에는 국가 전문 자격증 약 200여 개, 국가 기술 자격증 약 500여 개를 부처별로 나열하였다. 이 장을 통해 자신의 경력과 진로에 도움이 되는 국가 자격증에 어떤 것이 있는지 알아보자.

1. 국가 전문 자격증

보건복지부 – 간호사, 간호조무사, 물리치료사, 방사선사, 보건교육사, 사회복지사 1급, 안경사 안마사, 약사, 영양사, 요양보호사, 위생사, 응급구조사, 의무기록사, 의사, 의지보조기기사, 임상병리사, 작업치료사, 전문의, 정신보건간호사, 정신보건사회복지사, 정신보건임상심리사, 조산사, 치과기공사, 치과위생사, 치과의사, 한약사, 한약업사 ,한약조제사, 한의사.

환경부 – 정수시설운영관리사1급, 정수시설운영관리사2급, 정수시설운영관리사3급, 환경측정분석사.

고용노동부 – 공인노무사, 산업안전지도사, 산업안전지도사(건설안전,) 산업안전지도사(기계안전), 산업안전지도사(전기안전), 산업안전지도사(화공안전), 산업위생지도사, 산업위생지도사, 직업능력개발훈련교사.

중소기업청 – 경영지도사(1차공통), 경영지도사(마케팅), 경영지도사(생산관리), 경영지도사(인적자원관리),경영지도사(재무관리),기술지도사(1차공통), 기술지도사(금속), 기술지도사(기계), 기술지도사(생명공학), 기술지도사(생산관리), 기술지도사(섬유), 기술지도사(전기전자), 기술지도사(정보처리), 기술지도사(화공), 기술지도사(환경).

경찰청 - 기계경비지도사, 일반경비지도사, 자동차운전기능검정원, 자동차운전면허, 자동차 운전전문강사.

공정거래위원회 - 가맹거래사.

소방방재청 - 소방시설관리사, 소방안전교육사, 화재조사관.

교육과학기술부 - 방사선취급감독자면허, 방사성동위원소취급자일반면허, 방사성동위원소취급자특수면허, 보건교사, 사서교사, 실기교사, 영양교사, 원자로조종감독자면허, 원자로조종사면허, 전문상담교사, 정교사, 준교사, 평생교육사, 핵연료물질취급면허[감독자], 핵연료물질취급면허[취급자].

문화체육관광부 - 경기지도사, 경주선수, 경주심판, 관광통역안내사(독어), 관광통역안내사(러시아어), 관광통역안내사(말레이/인도네시아어), 관광통역안내사(베트남어), 관광통역안내사(불어),관광통역안내사(스페인어), 관광통역안내사(아랍어), 관광통역안내사(영어), 관광통역안내사(이탈리아어), 관광통역안내사(일본어), 관광통역안내사(중국어), 관광통역안내사(태국어), 국내여행안내사, 무대예술전문인, 박물관및미술관준학예사, 사서, 생활

체육지도사, 한국어교육능력검정시험, 호텔경영사, 호텔관리사, 호텔서비스사.

농림수산식품부 – 가축인공수정사, 경매사(수산), 경매사(약용), 경매사(양곡), 경매사(청과), 경매사(축산), 경매사(화훼), 농산물검사원, 농산물품질관리사, 수산질병관리사, 수의사, 환지사.

지식경제부 – 유통관리사.

방송통신위원회 – 무선통신사, 아마츄어무선기사.

국토해양부 – 감정사, 감정평가사, 건축사, 건축사(예비), 검량사, 검수사, 공인중개사, 교통안전관리자, 구명정수, 기관사, 도선사, 물류관리사, 사업용 조종사, 소형선박조종사, 운송용 조종사, 운항사, 의료관리자, 자가용 조종사, 주택관리사보, 철도차량운전면허, 택시운전자격, 통신사, 항공공장정비사, 항공교통관제사, 항공기관사, 항공사, 항공운항관리사, 항공정비사, 항해사, 화물운송종사자.

문화재청 – 문화재수리기능자(가공석공), 문화재수리기능자(대목수), 문화재수리기능자(도금공), 문화재수리기능자(드잡이공), 문화재수리기능자(목조각공), 문화재수리기능자(박제및표본제작공),문화재수리기능자(번와와공), 문화재수리기능자(보존처리공), 문화재수리기능자(석조각공), 문화재수리기능자(세척공), 문화재수리기능자(소목수), 문화재수리기능자(식물보호공), 문화재수리기능자(실측설계사보), 문화재수리기능자(쌓기석공), 문화재수리기능자(제작와공), 문화재수리기능자(조경공), 문화재수리기능자(철물공), 문화재수리기능자(칠공), 문화재수리기능자(표구공), 문화재수리기능자(한식미장공), 문화재수리기능자(화공), 문화재수리기능자(훈증공), 문화재수리기술자(단청), 문화재수리기술자(보수), 문화재수리기술자(보존과학), 문화재수리기술자(식물보호), 문화재수리기술자(실측설계), 문화재수리기술자(조경).

관세청 – 관세사, 보세사.

여성가족부 – 보육교사, 청소년상담사 1급, 청소년상담사 2급,청소년상담사 3급, 청소년지도사 1급, 청소년지도사 2급, 청소년지도사 3급.

국세청 – 세무사, 주류제조관리사.

특허청 – 변리사.

해양경찰청 – 동력수상레저기구조종면허.

법무부 - 변호사.

법원행정처 - 법무사.

금융위원회 - 공인회계사, 보험계리사, 보험중계사, 손해사정사.

행정안전부 - 행정사(2013년부터 자격시험 최초시행 예정).

2. 국가기술 자격증(시행처별)

1) 한국산업인력공단

건설기계운전 - 기중기운전기능사, 로더운전기능사, 롤러운전기능사, 모터그레이더운전기능사, 불도저운전기능사, 아스팔트피니셔운전기능사, 양화장치운전기능사, 천장크레인운전기능사, 컨테이너크레인운전기능사, 타워크레인운전기능사.

건설배관 - 배관기능사, 배관기능장, 배관산업기사.

건축 - 거푸집기능사, 건축구조기술사, 건축기계설비기술사, 건축기사, 건축도장기능사, 건축목공기능사, 건축목공산업기사, 건축목재시공기능장, 건축산업기사, 건축설비기사, 건축설비산업기사, 건축시공기술사, 건축일반시공기능장, 건축일반시공산업기사,건축품질시험기술사, 도배기능사, 미장기능사, 방수기능사, 비계기능사, 실내건축기능사, 실내건축기사, 실내건축산업기사, 온수온돌기능사, 유리시공기능사, 전산응용건축제도기능사, 조적기능사, 철근기능사, 타일기능사.

경비 · 청소 - 세탁기능사.

경영 - 사회조사분석사1급, 사회조사분석사2급, 소비자전문상담사1급, 소비자전문상담사2급, 컨벤션기획사1급, 컨벤션기획사2급.

금속 · 재료 - 금속가공기술사, 금속기사, 금속재료기능장, 금속재료기술사, 금속재료산업기사, 금속재료시험기능사, 금속제련기술사, 세라믹기술사, 압연기능사, 압연기능장, 열처리기능사, 재료조직평가산업기사, 제강기능사, 제강기능장, 제선기능사, 제선기능장, 축로기능사.

금형 · 공작기계 - 금형기능사, 금형기술사, 금형제작기능장, 사출금형산업기사, 사출금형설계기사, 프레스금형산업기사, 프레스금형설계기사.

기계장비설비 · 설치 – 건설기계기사, 건설기계기술사, 건설기계산업기사, 건설기계정비기능사, 건설기계정비기능장, 건설기계정비기사, 건설기계정비산업기사, 공조냉동기계기능사, 공조냉동기계기사, 공조냉동기계기술사, 공조냉동기계산업기사, 궤도장비정비기능사, 궤도장비정비기사, 궤도장비정비산업기사, 기계정비기능사, 기계정비산업기사, 농기계정비기능사, 농업기계기사, 농업기계산업기사, 메카트로닉스기사, 보일러기능사, 보일러기능장, 보일러산업기사, 산업기계설비기술사, 생산자동화기능사, 생산자동화산업기사, 설비보전기능사, 설비보전기사, 승강기기능사, 승강기기사, 승강기산업기사, 전자부품장착(SMT)기능사, 전자부품장착(SMT)산업기사.

기계제작 – 공유압기능사, 기계가공기능장, 기계기술사, 기계설계기사, 기계설계산업기사, 기계조립기능사, 기계조립산업기사, 연삭기능사, 일반기계기사, 전산응용기계제도기능사, 정밀측정기능사, 정밀측정산업기사, 치공구설계산업기사, 컴퓨터응용가공산업기사, 컴퓨터응용밀링기능사, 컴퓨터응용선반기능사.

농업 – 농화학기술사, 시설원예기사, 시설원예기술사, 원예기능사, 유기농업기능사, 유기농업기사, 유기농업산업기사, 종자기능사, 종자기사, 종자기술사, 종자산업기사, 화훼장식기능사, 화훼장식기사.

단조 · 주조 - 원형기능사, 주조기능사, 주조기능장, 주조산업기사.

도시 · 교통 - 교통기사, 교통기술사, 교통산업기사, 도시계획기사, 도시계획기술사.

도장 · 도금 - 광고도장기능사, 금속도장기능사, 표면처리기능사, 표면처리기능장, 표면처리기술사, 표면처리산업기사.

디자인 - 시각디자인기사, 시각디자인산업기사, 웹디자인기능사, 제품디자인기사, 제품디자인기술사, 제품디자인산업기사, 제품응용모델링기능사, 컬러리스트기사, 컬러리스트산업기사, 컴퓨터그래픽스운용기능사.

목재 · 가구 · 공예 - 가구제작기능사, 귀금속가공기능사, 귀금속가공기능장, 귀금속가공산업기사, 도자기공예기능사, 목공예기능사, 보석가공기능사, 보석감정사, 석공예기능사, 피아노조율기능사, 피아노조율산업기사.

보건 · 의료 - 임상심리사1급, 임상심리사2급.

비파괴검사 - 누설비파괴검사기사, 방사선비파괴검사기능사, 방사선비파괴검사기사, 방사선비파괴검사산업기사, 비파괴검사기술사, 와전류비파괴검사기사, 자기비파괴검사기능사, 자기비파괴검사기사, 자기비파괴검사산업기사, 초음파비파괴검사기능사, 초음파비파괴검사기사, 초음파비파괴검사산업기사, 침투비파괴검사기능사, 침투비파괴검사기사, 침투비파괴검사산업기사.

사회복지 · 종교 – 직업상담사1급, 직업상담사2급.

생산관리 – 공장관리기술사, 포장기사 포장기술사, 포장산업기사, 품질경영기사, 품질경영산업기사, 품질관리기술사.

섬유 – 섬유기사, 섬유기술사, 섬유디자인산업기사, 섬유산업기사, 염색기능사(날염), 염색기능사(침염), 의류기사, 의류기술사.

숙박 · 여행 · 오락 · 스포츠 – 스포츠경영관리사.

식품 – 수산제조기사, 수산제조기술사, 식품가공기능사, 식품기사, 식품기술사, 식품산업기사.

안전관리 – 가스기능사, 가스기능장, 가스기사, 가스기술사, 가스산업기사, 건설안전기사, 건설안전기술사, 건설안전산업기사, 기계안전기술사, 산업안전기사, 산업안전산업기사, 산업위생관리기사, 산업위생관리기술사, 산업위생관리산업기사, 소방기술사, 소방설비기사(기계분야), 소방설비기사(전기분야), 소방설비산업기사(기계분야), 소방설비산업기사(전기분야), 인간공학기사, 인간공학기술사, 전기안전기술사, 화공안전기술사.

어업 – 수산양식기능사, 수산양식기사, 수산양식기술사, 수산양식산업기사, 어로기술사, 어로산업기사, 어업생산관리기사.

에너지 · 기상 – 기상감정기사, 기상기사, 기상예보기술사, 에너지관리기사, 에너지관리산업기사.

영업 · 판매 – 텔레마케팅관리사.

용접 – 용접기능사, 용접기능장, 용접기사, 용접기술사, 용접산업기사, 특수용접기능사.

운전 · 운송 – 농기계운전기능사, 철도운송산업기사.

위험물 – 위험물기능사, 위험물기능장, 위험물산업기사.

의복 – 신발류제조기능사, 양복기능사, 양장기능사, 패션디자인산업기사, 패션머천다이징산업기사, 한복기능사, 한복산업기사.

이용 · 미용 - 미용장, 이용사, 이용장.

인쇄 · 사진 - 사진기능사, 사진제판기능사, 인쇄기능사, 인쇄기사, 인쇄산업기사, 전자출판기능사.

임업 - 버섯종균기능사, 산림기능사, 산림기사, 산림기술사, 산림산업기사, 식물보호기사, 식물보호산업기사, 임산가공기능사, 임산가공기사, 임산가공 산업기사, 임업종묘기능사 임업종묘기사.

자동차 - 자동차보수도장기능사, 자동차정비기능사, 자동차정비기능장, 자동차정비기사, 자동차정비산업기사, 자동차차체수리기능사, 차량기술사.

전기 - 건축전기설비기술사, 발송배전기술사, 전기공사기사, 전기공사산업기사, 전기기능사, 전기기능장, 전기기사, 전기산업기사, 전기응용기술사, 전기철도기사, 전기철도기술사, 전기철도산업기사, 철도신호기사, 철도신호기술사, 철도신호산업기사, 철도전기신호기능사.

전자 - 광학기기산업기사, 광학기능사, 광학기사, 반도체설계기사, 반도체설계산업기사, 산업계측제어기술사, 의공기사, 의공산업기사, 의료전자기능사, 전자계산기기능사, 전자계산기기사, 전

자계산기제어산업기사, 전자기기기능사, 전자기기기능장, 전자기
사, 전자산업기사, 전자응용기술사, 전자캐드기능사.

정보기술 – 멀티미디어콘텐츠제작전문가, 사무자동화산업기사,
전자계산기조직응용기사, 정보관리기술사, 정보처리기사, 정보처
리산업기사, 컴퓨터시스템응용기술사.

제과 · 제빵 – 제과기능장.

조경 – 조경기능사, 조경기사, 조경기술사, 조경산업기사.

조리 – 복어조리기능사, 조리기능장, 조리산업기사(복어조리), 조
리산업기사(양식), 조리산업기사(일식), 조리산업기사(중식), 조리
산업기사(한식), 조주기능사.

조선 – 동력기계정비기능사, 선체건조기능사, 전산응용조선제도
기능사, 조선기사, 조선기술사, 조선산업기사.

채광 – 자원관리기술사, 화약류관리기사, 화약류관리기술사, 화
약류관리산업기사, 화약취급기능사.

철도 – 철도차량기사, 철도차량기술사, 철도차량산업기사, 철도

차량정비기능사, 철도차량정비기능장.

축산 – 식육처리기능사, 축산기능사, 축산기사, 축산기술사, 축산산업기사.

토목 – 건설재료시험기능사, 건설재료시험기사, 건설재료시험산업기사, 농어업토목기술사, 도로 및 공항기술사, 도화기능사, 보선기능사, 상하수도기술사, 석공기능사, 수자원개발기술사, 응용지질기사, 잠수기능사, 잠수산업기사, 전산응용토목제도기능사, 지도제작기능사, 지적기능사, 지적기사, 지적기술사, 지적산업기사, 지질 및 지반기술사, 철도기술사, 철도보선기사, 철도보선산업기사, 측량기능사, 측량 및 지형공간정보기사, 측량 및 지형공간정보기술사, 측량 및 지형공간정보산업기사, 콘크리트기능사, 콘크리트기사, 콘크리트산업기사, 토목구조기술사, 토목기사, 토목산업기사, 토목시공기술사, 토목품질시험기술사, 토질 및 기초기술사, 항공사진기능사, 항로표지기능사, 항로표지기사, 항로표지산업기사, 항만 및 해안기술사, 해양공학기사, 해양기술사, 해양자원개발기사, 해양조사산업기사, 해양환경기사.

판금 · 제관 · 새시 – 금속재창호기능사, 판금 · 제관기능사, 판금제관기능장, 판금제관산업기사, 플라스틱창호기능사.

항공 - 항공기관기술사, 항공기관정비기능사, 항공기사, 항공기체기술사, 항공기체정비기능사, 항공산업기사, 항공장비정비기능사, 항공전자정비기능사.

화공 - 생물공학기사, 화공기사, 화공기술사, 화약류제조기사, 화약류제조산업기사, 화학분석기능사, 화학분석기사.

환경 - 농림토양평가관리산업기사, 대기관리기술사, 대기환경기사, 대기환경산업기사, 생물분류기사(동물), 생물분류기사(식물), 소음진동기사, 소음진동기술사, 소음진동산업기사, 수질관리기술사, 수질환경기사, 수질환경산업기사, 자연생태복원기사, 자연생태복원산업기사, 자연환경관리기술사, 토양환경기사, 토양환경기술사, 폐기물처리기사, 폐기물처리기술사, 폐기물처리산업기사, 환경기능사.

2)한국콘텐츠진흥원
게임그래픽전문가, 게임기획전문가, 게임프로그래밍전문가.

3)한국방송통신전파진흥원
무선설비기능사, 무선설비기사, 무선설비산업기사, 방송통신기능사, 방송통신기사, 방송통신산업기사, 전파전자통신기사, 정보통신기사, 정보통신기술사, 정보통신산업기사, 통신기기기능사, 통신선로기능사, 통신선로산업기사, 통신설비기능장.

4)한국광해관리공단

광산보안기능사, 광산보안기사, 광산보안산업기사, 광해방지기사, 광해방지기술사, 시추기능사.

5)대한상공회의소

비서1급, 비서2급, 비서3급, 워드프로세서 1급, 워드프로세서 2급, 워드프로세서 3급, 전산회계운용사 1급, 전산회계운용사 2급, 전산회계운용사 3급, 전자상거래관리사 1급, 전자상거래관리사 2급, 전자상거래운용사, 컴퓨터활용능력 1급, 컴퓨터활용능력 2급,컴퓨터활용능력 3급, 한글속기 1급, 한글속기 2급, 한글속기 3급.

6)한국원자력안전기술원

방사선관리기술사, 원자력기사, 원자력발전기술사.

7)영화진흥위원회

영사기능사, 영사산업기사.

8)한국기술자격검증원

굴삭기운전기능사, 미용사(일반), 미용사(피부), 양식조리기능사,일식조리기능사, 정보기기운용기능사, 정보처리기능사, 제과기능사,

제빵기능사, 중식조리기능사, 지게차운전기능사, 한식조리기능사.

Ⅱ

공부를 시작하기 전 각오 다지기

1장

| 꿈이 없으면 사는게 아니다 |

인간에게 꿈이 없었더라면 오늘날 현대 문명이 존재할 수 있을까? 반드시 이루어야 하는 간절한 꿈과 소망이 없다면 인류 문명은 발전하지 않았을 것이다.

인류에게 오늘이 있는 것은 꿈을 이루려고 현재를 참고 미래를 향해 달리게 만드는 원동력을 가슴에 품은 사람들이 있었기 때문이다. 각각의 역할이 크든 작든 곳곳에 꿈을 품은 사람들이 있어 인류에겐 내일이 있다.

하지만 의외로 꿈을 잃거나 포기하고 사는 사람들도 많다. 필자도 한때는 그랬던 것 같다. 꿈과 인류의 발전에도 20:80이라는 파레토의 법칙(Pareto's law)이 존재할지 모른다. 꿈을 가진 20%의 사람이 80%의 사람을 리드해 왔고, 80%의 문명을 발전시키지 않았을까??

언제부터 우리가 꿈을 잃은 채 살게 되었을까? 확실하지는 않지만, 어른이 되며 그렇게 된 것 같다. 그냥 먹고 사는 일을 걱정하며 더 이상 자신의 꿈을 돌보지 않는 것 같다.

유년 시절에나 청소년기에는 모두 나름의 꿈이 있었다. 어른들이 "너 커서 뭐가 될래?"라고 물으면 모두 "~가 되고 싶어요."란 대답을 했다. 하지만 어른이 되고 사회인으로 살다 보니 하고 싶은 것보다 해야 할 것이 많아지고, 자신보다 다른 사람을 바라보며 살게 되었다.

이젠 원래부터 꿈이 없었던 것처럼 여기며 지낸다. 꿈을 갖고 미래를 꿈꾸는 것을 유년 시절의 추억쯤으로 여긴다. 누군가 자신의 꿈을 이야기하면 "팔자 좋은 소리 한다. 당장 먹고 살기도 바빠죽겠는데 무슨 꿈같은 얘기냐!"라고 핀잔을 준다. 꿈 이야기를 꺼낸 사람도 몇 차례 핀잔을 듣다보면 다시는 꿈 이야기를 꺼내지 않게 된다.

꿈은 영화나, 음악이나, 그림이나 소설을 통해 대리만족을 하는 대상이 되었다. 누구도 꿈을 이야기하지 않는다. 왜 우리는 자라면서 꿈을 잃고 살아가게 되었을까?

모두가 꿈을 잃은 것은 아니다. 꿈을 포기하지 않고 꾸준히 노력해서 어릴 때 꿈을 이루는 사람도 많다.

먹고 살려고, 가족을 부양하려고 꿈을 포기하고 주어진 삶을 사는 것도 가치가 없지는 않다. 하지만 어느 시기가 되면 그것만 가지고 삶을 보내기에는 '인생이 너무 공허하다'라는 깨달음이 온다. 가족을 위해서 살아야 할 때도 있지만, 가끔은 가슴에 묻어 두었던 꿈을 꺼내 그 꿈이 잘 있는지 확인해 보자.

꿈을 잃는 것은 자신을 잃는 것과 마찬가지다. 문득 내가 누군지, 무엇을 위해 살았는지 정체감에 혼란이 오면, 다른 곳에서 답을 찾지 말고 가슴 속에 묻어 두었던 꿈을 떠올려 보자. 자신이 누구인지 바로 알게 될 것이다.

꿈을 이루려고 열심히 달려갈 때 인간의 삶이 의미 있고 아름답다. 그 사람이 잘났든, 못났든. 그 꿈이 작든, 크든.

세르반테스의 소설 '돈키호테'에는 아름다운 명언이 나온다. '불가능한 꿈을 꾸고, 이루어질 수 없는 사랑을 하고, 싸워 이길 수 없는 적과 싸우고, 견딜 수 없는 고통을 견디며, 잡을 수 없는 저 하늘의 별을 잡자' 필자가 이 글을 처음 읽었을 때는 투자한 노력에 비해 보상이 없는 허황된 일을 벌인다고 생각했다. 그때는 이 문장에 담긴 소중한 뜻을 알지 못했다.

나이가 드니 이 말들이 더욱 소중하게 와 닿는다. 특히 불가능한 꿈을 꾼다는 문구가 가슴을 때린다. 인류가 만든 믿기 어려운 기술이나 위대한 업적은 모두 불가능할 것 같은 상황에서 나왔다. 지금은 안 될 것처럼 보여도 꿈꾸는 사람들은 언제나 예상을 뛰어넘는 미래를 만들었다.

꿈에 도달했느냐 마느냐는 다음 문제이다. 꿈은 이루는 것도 좋지만 꿈을 향해 열심히 달려가는 것만으로도 충분히 아름답다. 스티브 잡스는 이렇게 말했다. '꿈을 이루려고 사는 여정(journey)은 그 자체가 보상이다'

🍀 핵심 요점 정리

- 인류에게 오늘이 있는 것은 꿈을 이루려고 현재를 참고 미래를 향해 달리게 만드는 원동력을 가슴에 품은 사람들이 있었기 때문이다.

- 꿈을 이루려고 열심히 달려갈 때 인간의 삶이 의미 있고 아름답다.

- 불가능한 꿈을 꾸고, 이루어질 수 없는 사랑을 하고, 싸워 이길 수 없는 적과 싸우고, 견딜 수 없는 고통을 견디며, 잡을 수 없는 저 하늘의 별을 잡자.

- 인류가 만든 믿기 어려운 기술이나 위대한 업적은 모두 불가능할 것 같은 상황에서 나왔다. 지금은 안 될 것처럼 보여도 꿈꾸는 사람들은 언제나 예상을 뛰어넘는 미래를 만들었다.

- 꿈에 도달했느냐 마느냐는 다음 문제이다. 스티브 잡스도 이렇게 말했다. '꿈을 이루려고 사는 여정(journey)은 그 자체가 보상이다'

2장

| 불확실한 미래 |

물리학의 양자역학에 나오는 '불확정성의 원리'에 따르면 에너지를 가진 입자는 위치와 운동량을 동시에 측정할 수 없다. 시간에 따라 위치가 달라지기 때문이다. 쉽게 말해 입자가 어떻게 튈지 몰라 정확한 운동량과 위치를 알 수 없다는 뜻이다.

인간의 삶을 물리학의 양자역학적으로 설명하면, 사람도 하나의 운동량을 가진 물리적 입자라서 앞으로 어떻게 변하고 달라질지 아무도 모른다. 양자역학 이론을 끌어오지 않아도 조석지변(朝夕之變)이란 말처럼 인간의 마음은 하루에 12번도 더 바뀐다. 당장 우리의 마음이 어떻게 변할지 아무도 모른다.

하지만 예측이 전혀 불가능한 것은 아니다. 의지가 있으면 계획을 세우고 미래를 만들 수 있다. 물론 아무리 계획을 치밀하게 세워도 오차가 생긴다. 양의 방향이든, 음의 방향이든. 또 오차가 생각지 못한 파장을 일으켜 우리를 엉뚱한 미래로 데려가기도 한다. 삶이란 100% 계획에 의해서도 100% 우연에 의해서도 이루어지지 않는다.

운명은 우연과 필연이 날실과 씨실이 되어 기쁨으로 슬픔으로, 행복으로 불행으로 결정된다. 우리가 우연을 바꾸지는 못한다. 하지만, 계획과 노력으로 필연들을 굳건히 하면 기쁨과 행복을 더 많이 만들 수 있다.

우리는 다가올 희노애락(喜怒哀樂)을 모두 제어할 수 없다. 미래에 일어날 일들을 정확히 알 수도 없다. 하지만 조금씩이라도 준비를 하다보면 보다 나은 미래를 맞게 된다. 물론 불가항력적으로 어쩌지 못하는 일들도 있겠지만.

평균 수명이 늘어나고 고령화 사회로 들어서면서 우리의 미래가 더욱 길어졌다. 행복한 미래를 원하면 이런 시대의 흐름에 발맞추어 무엇인가를 대비하고 준비해야 한다. 미래를 준비한다는 것이 꼭 돈을 벌어 놓는 것만을 뜻하지는 않는다.

나이가 들어도 오롯이 내 것으로 남는 것, 오래되고 경험을 쌓을수록 빛을 발하는 것, 의미를 부여하고 애정과 열정을 쏟을 창조적인 무엇을 찾아야 한다.

과거보다 미래가 길어진 지금, 남은 인생을 의미 있게 보내려면 준비가 필요하다. 체계적이고 장기적으로 준비한 사람에게는 미래가 열려있다. 가능성도 무한하다.

준비를 하려면 공부가 필요하다. 무엇인가를 배우고 공부하는 것을 두려워 말라. 먹고살기 바빠서, 나이가 많아서, 학교를 졸업한 지 오래되어서. 이런 것들은 이유가 안 된다. 세상에 늦은 때란 없다. 오늘 시작하면 내일 시작한 것보다 빠르다. 공부는 불확실한 미래를 대비하는 가장 확실한 대안 가운데 하나다.

누구에게나 꿈만 꾸고 엄두를 내지 못한 일들이 있다. 마냥 부럽고 선망의 대상인 어떤 사람이 있다. 지금부터 열심히 노력해서 꿈꾸던 일들을 현실로 만들고, 나를 그 어떤 사람으로 만들자. 그래서 좀 더 의미 있는 삶을 살자.

의미 있는 삶이란 나와 내 가족만 잘 먹고 잘 살기를 바라면서 사는 삶이 아니다. 내 이웃과 사회를 둘러보며 따뜻한 손길을 내밀고 베풀며 살아갈 수 있는 삶이다. 나와 내 식솔들만 배불리 잘 먹고 잘 살기 위해 욕심부리며 살면 미물의 삶과 무엇이 다르겠는가?

반드시 물질을 베풀어야 하는 것은 아니다. 불교에서는 물질적인 보시뿐만 아니라 따뜻한 마음, 밝은 미소, 친절한 말 한마디도 큰 보시로 생각한다. 내가 더 큰 사람이 되면 내 이웃과 사회와 인류를 위해서 더 큰 일을 할 수 있다. 크다는 것은 꼭 사회적 지위나 부의 여부를 말하는 것이 아니다. 생각과 마음의 깊이를 말하는 것이다.

필자가 지향하는 가치다.

🍀 핵심 요점 정리

- 삶이란 100% 계획에 의해서도 100% 우연에 의해서도 이루어지지 않는다. 운명은 우연과 필연이 날실과 씨실이 되어 기쁨과 슬픔, 행복과 불행으로 결정된다. 우리가 우연을 바꾸지는 못하지만, 계획과 노력으로 필연들을 굳건히 하면 기쁨과 행복을 더 많이 만들 수 있다.

- 평균 수명이 늘어나고 고령화 사회로 들어서면서 우리의 미래가 더욱 길어지고 있다. 과거보다 미래가 길어진 지금, 남은 인생을 의미 있게 보내려면 준비가 필요하다.

- 나이가 들어도 오롯이 내 것으로 남는 것, 오래되고 경험을 쌓을수록 빛을 발하는 것, 의미를 부여하고 애정과 열정을 쏟을 창조적인 무엇을 찾아야 한다.

- 오늘 시작하면 내일 시작한 것보다 빠르다. 공부는 불확실한 미래를 대비하는 가장 확실한 대안 가운데 하나다.

3장

│ 솔개에게 배우는 지혜 │

    살다 보면 스스로에게 또는 누군가에게 자신을 증명하고 싶은 때가 있다. 자신이 초라하고 하찮은 존재라는 사실을 알게 되었을 때 느끼는 기분은 무엇으로도 달래지지 않는다. 스스로 그렇지 않다는 사실을 입증할 때까지는.

    남이 나를 어떻게 생각하느냐는 두 번째 문제다. 내가 '나'로서 건강하고 건재하면 누군가가 나를 미워하고 무시해도 기분이 좀 나쁠 뿐 큰 문제가 아니다. 하지만 스스로를 인정할 수 없으면 남이 아무리 인정하고 좋아해도 소용이 없다.

사람은 스스로를 인정할 수 없을 때 정체감에 혼란이 오고 가장 힘들다. 바라는 '나'와 실제 '나'가 조화롭지 못하면 우울해진다. 심한 경우에는 삶을 포기하기도 한다.

남을 속일 수는 있어도 자신은 속일 수는 없다. 내 안에는 또 다른 내가 있다. 이 또 다른 나는 항상 나를 지켜보고 따라다닌다. 스스로를 인정할 수 없으면 또 다른 나는 꿈에도 나타나 나를 괴롭힌다.

이때 결단이 필요하다. 자신의 초라함을 인정하고 바라는 '나'와 실제 '나' 사이의 부조화 속에서 우울하게 지내다 생을 마감할 것인가? 아니면 바라는 '나'가 되기 위해 자리를 박차고 일어나 스스로를 증명할 무엇인가를 시작할 것인가?

무엇인가를 시작하겠다는 마음이 있어도 결단을 내리기가 어렵다. 우선 무엇을 할지 막막하다. 또 배우는 과정도 쉽지 않다. 하지만 무엇을 하든, 얼마나 힘들고 고통스럽든 참고 견뎌야 한다. 그래야 다시 일어설 수 있다.

솔개가 오래 사는 비결을 소개한다. 이 이야기를 처음 들었을 때 필자는 큰 감동을 받았다. 온몸에 소름이 돋고, 가슴이 울리고, 눈물이 났다.

솔개는 수리 과에 속하는 대형 맹금류의 육식 조류로 가장 오래 사는 새다. 약 70세까지 산다고 한다. 하지만 솔개가 장수하려면 40세 무렵에 중요한 결정을 해야 한다.

솔개가 40년 정도 살면 서슬이 퍼렇던 부리가 자라서 구부러져 가슴에 닿는다. 또 부리가 무뎌져 더 이상 사냥을 할 수가 없다. 게다가 너무 자란 깃털 탓에 몸이 무거워 하늘을 날기가 힘들고, 발톱도 노화해서 역시 사냥을 할 수가 없다.

이 상태로는 솔개가 더 이상 먹이를 사냥할 수 없다. 이제 솔개는 두 가지 가운데 하나를 선택해야 한다. 하나는 고통이 두려워 자신을 포기하고 운 좋게 주어지는 먹이로 연명하며 죽을 날을 기다리며 사는 것이다. 다른 하나는 약 반년 간의 뼈를 깎는 갱생기간을 보낸 다음 힘찬 제2의 삶을 사는 것이다.

이렇든, 저렇든 살다 죽는 건 사람이나 짐승이나 마찬가지다. 하지만 주어진 삶에 끝까지 최선을 다하지 않고 나약한 패배자로 생을 마감하는 것은 자신에게도 세상에게도 부끄러운 일이다.

고통스럽지만 갱생을 결심한 솔개는 가장 먼저 산 정상으로 날아가 자신만의 둥지를 짓고 철저히 혼자서 수행을 한다. 솔개는 제일 먼저 낡고 쓸모없는 부리를 바위에 쪼아 깨뜨려서 뽑아버린다. 그러면 새로운 부리가 돋는다. 이번에는 돋아난 새 부리로 발톱도 하나씩 뽑아버리고 깃털도 하나씩 뽑아버린다.

솔개가 다시 태어날 준비를 하는 동안은 먹이를 구할 수 없다. 사냥도 할 수 없고 먹이를 주는 이도 없다. 솔개는 철저히 혼자서 굶주린 창자를 부여잡고 울부짖으며 춥고 고통스러운 시간을 보낸다. 약 반년의 시간이 지나면 새로운 발톱과 새로운 깃털이 돋는다. 이제 솔개는 완전히 새로운 모습이 되었다.

새롭게 탄생한 솔개는 다시 힘차게 하늘로 날아오른다. 솔개는 다시 약 30년간 제2의 삶을 산다. 솔개 이야기가 듣는 사람의 가슴을 저리게 하고 눈물을 흘리게 만드는 이유는 사람의 인생도 솔개와 비슷하기 때문이다. 전성기가 영원히 계속되지는 않는다. 한때 잘나가는 시절이 있었더라도 때가 되면 자신을 버리고, 자신을 둘러싼 껍질을 깨고 새롭게 태어나기 위해 뼈아픈 시간을 가져야 한다.

다시 태어나야 하는 시간이 어떤 이에게는 빨리 올 수도 있고 어떤 이에게는 늦게 올 수도 있다. 그 시기가 언제이든 절망할 필요가 없다. 솔개처럼 자신을 버리고 다시 시작하는 일에 당당히 맞

서자. 이를 통해 지혜를 얻는다면 다시 푸른 하늘을 힘차게 날 수 있다.

- 솔개는 수리 과에 속하는 대형 맹금류의 육식 조류로 가장 오래 사는 새로 약 70세까지 산다고 한다. 하지만 솔개가 장수하려면 40세 무렵에 중요한 결정을 해야 한다.

- 무엇을 하든, 얼마나 힘들고 고통스럽든 참고 견뎌야 한다. 그래야 다시 일어설 수 있다.

- 주어진 삶에 끝까지 최선을 다하지 않고 나약한 패배자로 생을 마감하는 것은 자신에게도 세상에게도 부끄러운 일이다.

- 전성기가 영원히 계속되지는 않는다. 한때 잘나가는 시절이 있었더라도 때가 되면 자신을 버리고, 자신을 둘러싼 껍질을 깨고 새롭게 태어나기 위해 뼈아픈 시간을 가져야 한다.

- 다시 태어나야 하는 시간이 어떤 이에게는 빨리 올 수도 있고 어떤 이에게는 늦게 올 수도 있다.

4장

할 수 있다고 생각하면 할 수 있고, 할 수 없다고 생각하면 할 수 없다

　필자는 전화 통화로 초등학생과 중학생, 고등학생에게 영어를 가르친 적이 있다. 이 일을 했던 이유는 이 일이 재택근무라 여유 시간이 많아서 하고 싶은 여러 가지 다른 일들을 하면서 병행할 수 있었기 때문이다.

　전화 통화로 영어를 가르치는 사람들은 영어영문학과를 나오거나 외국에 유학을 다녀온 사람들이 대부분이다. 필자는 영어영문

학을 전공하지도 않았고 유학을 하지도 않았지만, 영어 문법, 발음, 프리토킹 실력이 괜찮아 그 일을 맡을 수 있었다.

이 일을 하면서 필자는 놀라운 사실 하나를 알게 되었다.

전화영어 수업은 보통 6개월이나 1년 단위로 계약을 한다. 고객과 계약이 이루어지면 담당 선생님이 정해지고 전화 수업이 시작된다. 필자가 여러 아이들을 가르치며 공통적으로 느낀 것이 있다. 아무리 영어에 대해 자신감이 없고 열등감이 있는 아이라도 수업을 시작할 때 충분한 동기부여와 잘할 수 있다는 자신감을 심어주면 결과가 달랐다. 동기부여와 자신감을 맛본 아이들은 하나같이 성실하게 수업을 받았고 실력도 부쩍부쩍 늘었다. 반대로 동기부여가 없고 자신감이 없는 아이들은 수업을 지루해하고 실력도 늘지 않았다.

아이들에게 잘할 수 있다는 자신감과 왜 공부를 해야 하는 지에 대한 동기를 부여하는 것이 얼마나 중요한지 실감했다. 아이들만 그런 것이 아니다. 무엇인가를 새롭게 배우려는 사람은 모두 마찬가지다. 나이가 많아도 똑같다. 필자도 처음 국가 자격증 공부를 시작할 때는, 과연 잘할 수 있을까, 걱정도 되고 겁도 나고 자신감도 없었다.

학창 시절을 떠올려도 마찬가지다. 동기부여가 안 된 학생에게는 부모가 아무리 잔소리를 해도 소용이 없다. 몸은 책상에 앉아 있어도 마음은 딴 곳에 있다.

공부를 잘하는 친구들은 예외 없이 동기부여가 잘 되어 있다. 부모님이나 선생님에게 '왜 공부를 해야 하는가'라는 공부의 당위성을 잘 배운 탓이다. 이런 친구들은 시키지 않아도 스스로 열심히 공부한다. 필자도 학창 시절에는 공부에 대한 동기부여가 제대로 안 되어서 무슨 마음이 들어 잠시 공부에 집중하면 성적이 쑥 오르고, 안 하면 뚝 떨어지는 식이었다.

동기부여와 함께 할 수 있다는 확신과 자신감이 중요하다. 확신은 자만과 다르다. 확신은 자신의 내적 에너지가 되어 일을 추진하는 원동력이 되지만, 자만은 자기 발전을 방해해서 실패를 낳는다.

사람 일은 생각하는 대로 된다. 특히 공부는 자기 안에 무형의 가치를 쌓는 일이라 더욱 그렇다. 스스로를 굳건히 믿어서 바라는 목표를 달성하는 것을 마인드 컨트롤에 의한 자기 암시, 자기확신, 플라시보 효과라고 한다. 또 자기 규정화 효과라고도 부른다.

이와 반대로 다른 사람의 기대나 관심을 받아 능률이 오르고 결과가 좋아지는 것을 피그말리온 효과라고 한다. 자기 규정화 효과

탓이든 피그말리온 효과 탓이든 공부를 시작할 때는 동기부여를 하고 자신감을 내면화하는 것이 중요하다.

할 수 있다고 생각하면 할 수 있고, 할 수 없다고 생각하면 절대로 할 수 없는 것이 공부다. 물론 다른 일들도 마찬가지지만, 공부는 더욱 그렇다.

시험 준비를 하며 이렇게 말하는 사람도 있다. '될지 안 될지 상관없이 일단 한 번 해보려고 한다' 열심히 공부했는데도 결과가 나쁘면 민망하니 남에게는 이렇게 말하고, '나는 할 수 있다'라고 스스로를 끊임없이 세뇌시키거나 실제로는 죽기 살기로 공부를 할지도 모른다.

하지만 수험생 마음이 정말로 '될지 안 될지 모르니 그냥 한 번 해보자'라면 심각한 문제다. 시험을 준비할지 다시 한 번 생각해야 한다. '이 공부는 정말로 내가 하고 싶은 것인가?'라는 질문에 확신이 있어야 한다. 물론 앞으로의 비전도 냉정히 따져야 한다.

할 수 있다고 생각하면 할 수 있고, 할 수 없다고 생각하면 할 수 없다. 100% 할 수 없다. 할 수 있다고 확신하며 공부를 해도 합격을 100% 보장하지 못한다. 하지만, 할 수 없다고 생각하며 공부하면 100% 불합격이다.

시험이란 수험장에서 마지막 문제에 답을 적고 답안지를 제출할 때까지는 안심할 수 없다. 젖 먹던 힘까지 쏟아 최선을 다해야 한다. 확신이 없으면 최선을 다하기가 어렵다. 물론 답안지를 낸 다음에는 긴장을 풀어도 된다. 합격자 발표일까지 불안하고 걱정도 되겠지만, 최선을 다했으면 결과도 담담하게 받아들여야 한다.

대부분의 사람들은 나이가 들면 공부하고 외우는 것이 불가능하다고 생각한다. 스스로를 믿지 못하는 이유도 다양하다. 나이가 많아서, 학교를 졸업한 지 오래라, 그동안 공부와 담을 쌓아서, 회식이나 모임을 따라다니다 보니 술 때문에 머리가 굳어서 등. 하지만 그렇지 않다. 공부에도 근력이라는 것이 있어 처음에는 잘 안되더라도 하다 보면 는다. 하면 할수록 잘하게 되는 것이 공부다.

자신감과 자기 확신, 자기 의지가 있으면 어떤 것도 극복하고 원하는 자격증을 딸 수 있다.

자격증을 따려면 학원에 등록하고 수험 책을 사기 전에 할 일이 있다. 먼저 조용한 곳에서 자기 성찰의 시간을 갖자. '왜 이 자격증을 따려 하는가?' '나는 이 일을 정말로 원하는가?' '이 자격증은 정말로 필요한 것인가?' 공부를 하기 전에 이들 질문에 답을 얻어야 한다.

'할 수 있는지 없는지'는 다음 문제다. 위 세 가지 질문에 'YES' 라는 답을 얻었다면 반드시 그 일을 하겠다고 정해야 한다. 그러면 공부도 잘되고 자격증도 딸 수 있다.

공부란 고도의 정신적인 영역에서 이루어지는 노력의 산물이다. 따라서 할 수 있다고 생각하면 할 수 있고, 할 수 없다고 생각하면 할 수 없다. 공부를 시작하기 전에 먼저 스스로를 점검해야 한다.

무엇인가를 간절하게 바라고 열심히 노력하면 사람의 잠재의식은 자신도 모르는 사이에 그 일을 이룰 수 있는 곳으로 스스로를 데려간다. 절실하게 원하면 가는 길이 아무리 험난해도 도달하게 되어 있다. 먼저 확신과 자신감으로 정신 무장을 하고 중장기 공부 계획을 세우자.

🍀 핵심 요점 정리

- 아무리 영어에 대해 자신감이 없고 열등감이 있는 아이라도 수업을 시작할 때 충분한 동기부여와 잘할 수 있다는 자신감을 심어주면 결과가 다르다. 공부는 동기부여와 함께 할 수 있다는 확신과 자신감이 중요하다.

- 할 수 있다고 생각하면 할 수 있고, 할 수 없다고 생각하면 절대로 할 수 없는 것이 공부다. 할 수 있다고 확신하며 공부를 해도 합격을 100% 보장하지 못한다. 하지만, 할 수 없다고 생각하며 공부하면 100% 불합격이다.

- 시험이란 수험장에서 마지막 문제에 답을 적고 답안지를 제출할 때까지는 안심할 수 없으므로 긴장을 늦추지 말아야 한다.

- 공부에도 근력이라는 것이 있어 처음에는 잘 안되더라도 하다 보면 늘고 하면 할수록 잘하게 되는 것이 공부다.

- 무엇인가를 간절하게 바라고 열심히 노력하면 사람의 잠재의식은 자신도 모르는 사이에 그 일을 이룰 수 있는 곳으로 스스로를 데려간다.

5장

지금 아는 걸 그때 알았더라면, 지금 아는 걸 실행에 옮겼더라면

자전거를 배웠더라면, 책을 많이 읽었더라면, 학창 시절에 공부를 열심히 했더라면, 대학을 포기하지 않았더라면, 좋은 대학에 갔더라면, 대학에서 높은 학점을 받았더라면 등. 누구나 한 번씩은 해본 후회다. 필자도 마찬가지다.

과거로 돌아가지는 못한다. 후회해도 바뀌는 것은 없다. 과거에 못 했으면 지금부터 하면 된다. 하지만 실제로 이렇게 행동하는 사람은 많지 않다. '그때 그랬더라면' 하고 후회하는 사람은 많아도 '지금 이곳에서 다시 시작할 수 있다'고 생각하는 사람은 적다.

왜 과거에 못 했으니 영원히 못 할 거라고 생각할까? 왜 늦었다고 생각할까? 한 번 기회를 놓쳤다고 영원히 놓친 것이 아니다. 한때 중요함을 모르고 지나쳤어도 이제 알게 되었다면 다시 시작하면 된다. 세상에 때가 늦어 못 하는 일은 없다.

커넬 할렌드 샌더스(Colonel Harland Sanders)는 65세에 KFC를 창업했다. 미국의 샤갈이라고 불리는 해리 리버만 (HarryLieberman)은 81세에 화가의 재능을 발견했다. 세계 최장수 기록보유자인 프랑스의 장 칼몽(Jean Calmon) 할머니는 85세에 펜싱을 배우기 시작했고, 100세에 자전거 타기를 즐기고, 120세에는 건강을 위해 금연을 했다. 또 121세에는 'Time's Mistress'라는 노래로 CD를 냈다.

늦었다고 생각하는 것은 용기가 없음에 대한 핑계다. 이솝 우화에서 여우가 높이 달려서 따먹을 수 없는 포도를 포기하며 '저 포도는 신 포도야'라고 중얼거리는 것과 똑같은 마음 자세다. 공부를 하는 데는 '늦은 때'가 없다.

의학의 발달로 인간의 수명은 점점 늘어나고 있다. 한국 통계청의 2010년 생명표에 따르면 우리나라 평균 수명은 80.8세(여자 84세, 남자 77세)다. 대부분의 보험회사에서도 이제는 100세 보장을 기준으로 보험을 설계한다.

몰라서 못한 것과 알지만 하지 않았던 것 가운데 어느 것이 더 많은 후회를 남길까? 당연히 후자다. '과거에는 몰라서 못했지만, 지금은 그것이 중요하다는 것을 알기에 할 수 있다'라고 생각하고 실행에 옮기자. 생각을 행동으로 옮기는 것은 어렵다. 작은 발자국을 떼기조차 쉽지 않다. 하지만, 행동해야 한다. 행동하는 사람과 그렇지 않은 사람이 출발점에서는 차이가 작아도 도착점에서는 큰 차이가 난다. 지금은 할 수 있다고 생각하고 행동하는 사람과 그냥 후회만 하는 사람의 인생은 시간이 지나면 크게 차이가 난다.

세상에는 두 부류의 사람이 존재한다. 아무리 어려워도 과거에 못한 일을 다시 시작하는 사람과 예전에 못했으므로 오늘도 내일도 영원히 못하는 사람. 죽을 때까지 새로운 것을 배우고 새로운 일에 도전하기를 멈추면 안 된다. 경험하지 못한 세계, 알지 못하는 세상을 배우고 알아가는 일을 생이 끝나는 날까지 계속해야 한다. 이것은 우리를 잠시라도 머물게 한 세상에 대한 의무이고 세상을 사랑하는 방법이다.

어느 한 시기, 어느 한 시점만을 보고 그 사람의 인생이 훌륭하다고 말하지 않는다. 세상에 영원한 것은 없다. 학창 시절 우등생이 반드시 인생의 우등생이 아니고, 한때 인기 있는 연예인이라고 계속 인기를 유지하는 게 아니다. 인생은 마라톤이다. 인간의 삶은 전 생애를 통틀어 판단된다.

인생은 우연과 필연이란 씨실과 날실로 짠 작품이다. 따라서 늘 불확실성을 안고 있다. 우리의 삶이 앞으로 어떻게 달라질지는 아무도 모른다. 인생에 늦은 때란 없다. 아쉬워하면서도 시작하지 않으면 이것이야말로 진짜로 늦은 것이다. 소중함을 깨달았다면 당장 실행에 옮기자.

여기서 잠깐 필자가 좋아하는 시를 소개한다.

젊음 (靑春)

-사무엘 울만-

젊음은 나이가 아니라 마음이다.

장밋빛 두 뺨

앵두 같은 입술

탄력 있는 두 다리가 곧

젊음은 아니다.

강인한 의지

풍부한 상상력

시들지 않는 열정이 곧

젊음이다.

젊음이란

깊고 깊은 인생의 샘물 속에 간직된

신선미 바로 그 자체다.

젊음은 눈치 빠르게 행동하는 것이 아니라

어려움을 뚫고 나가는 기백이다.

젊음은 무임승차가 아니라 스스로 개척하는 힘이다.

젊음은 이십 대 소년에게만 있는 게 아니라

육십 대 장년에게도 있다.

인생은 나이로 늙는 것이 아니라

이상의 결핍으로 늙는다.

세월은 피부에 주름을 보태지만

열정을 잃으면 영혼에 주름이 진다.

마음을 늙게 하고

정신을 매장시키는 것은

고뇌와 공포와 자포자기다.

경이에 대한 찬미

미래에 대한 끝없는 호기심

그리고 삶에 대한 환희는

십육 세의 가슴에나

육십 세의 가슴에나

똑같이 깃들어 있다.

그대의 가슴에도

또 나의 가슴에도

무선 전화국이 내장돼 있다.

사람들로부터

그리고 영원의 세계로부터

아름다움과 희망

격려와 용기

그리고 솟구치는 힘에 대한 메시지를

받아들이고 있는 한

당신은 젊은이다.

그 안테나를 내리고

당신의 정신을

냉소와 비관의 얼음 관 속에

묻어버리면

당신은 이십 세 늙은이다.

그 안테나를 올리고

낙관의 전파를 받아들이면

당신은 팔십 세의 젊은이로

이 세상을 하직하게 될 것이다.

이 시는 언제 읽어도 가슴을 뛰게 만든다. 하지만 이제 팔십 세의 젊은이를 백세의 젊은이로 바꿔야 할 것 같다.

🍀 핵심 요점 정리

- 과거로 돌아가지는 못하고 후회해도 바뀌는 것은 없다. 과거에 못 했으면 지금부터 하면 된다. 한 번 기회를 놓쳤다고 영원히 놓친 것이 아니다. 한때 중요함을 모르고 지나쳤어도 이제 알게 되었다면 다시 시작하면 된다.

- 세상에는 두 부류의 사람이 존재한다. 아무리 어려워도 과거에 못 한 일을 다시 시작하는 사람과 예전에 못했으므로 오늘도 내일도 영원히 못 하는 사람이다.

- 사람의 인생은 어느 한 시기, 어느 한 시점만을 보고 그 사람의 인생이 훌륭하다고 말하지 않는다. 인간의 삶은 태어나서 죽을 때까지 전 생애를 통틀어서 판단된다.

Ⅲ

공부에도 왕도는 있다

1장

반복 학습의 효과
(공부의 기본)

이번 장부터는 효율적인 공부 방법을 구체적으로 설명한다. 이 책에서 다루는 공부 방법이 모두 필자의 노하우(know how)는 아니다. 필자가 고안한 방법도 있지만, 이미 많이 알려지고 과학적으로 검증된 방법들을 이해하기 쉽도록 필자는 정리를 했을 뿐이다.

필자는 자격증 공부와 연관된 공부를 계속하면서 이 공부법들을 실제로 사용했고 효과를 체험했다. 앞으로 각각의 공부법마다 이론적인 근거와 필자의 실제 경험을 함께 설명한다. 좋은 이유를 알면 확신과 신뢰가 더 커진다. 그러면 학습 효과도 더 좋다.

이 공부법에 따라 공부를 하면 공부에 손을 놓은 지 오래되었고, 나이가 많아서 머리가 굳었다고 자신이 없어 하는 수험생들도 틀림없이 좋은 점수를 받아 합격할 수 있을 것이라고 믿는다. 공부는 할 수 있다는 확신을 가지고 임하는 것과 그렇지 않은 것과는 엄청난 차이가 있다.

먼저 반복 학습을 알아보자. 반복 학습은 가장 중요하고 기본이 되는 공부법이다. '하도 여러 번 들어 거의 외울 지경이다'라는 말을 들어 본 적이 있을 것이다. 사실 그대로다. 여러 번 들으면 외우게 된다. 이것이 반복 학습이다.

이 말은 너무나 당연해서 비법이라고 할 것도 없다. 하지만 그냥 아는 것과 확신을 갖는 것과는 다르다. 반복 학습이 뇌의 기억 메커니즘(mechanism)에 작용하는 방식을 안다면, 반복 학습법에 확신을 가질 것이다.

'세뇌(洗腦)'란 말이 있다. 사전적 의미로 '사람이 원래 가지고 있던 의식을 다른 방향으로 바꾸거나, 특정한 사상과 주의를 따르도록 뇌리에 주입하는 일'이란 뜻이다. 세척할 '세'에 골수 '뇌'이니 뇌를 씻어 내듯이 기존의 것을 버리고 새로운 사실을 주입시킨다는 뜻일 것이다. 이데올로기 세뇌나 사이비 종교 세뇌에는 여러 가지 방법을 쓰겠지만, 핵심은 같은 내용을 반복적으로 인지시켜 장기 기억 속에 주입하는 것이다.

공부하려는 분야에 기초 지식이 풍부하면 공부가 쉽다. 하지만 기초 지식이 없어도 반복하면 공부가 된다. '하셔(Hasher)의 진실성 효과'라는 것이 있다. '사실이 아니라도 개인이 같은 진술에 반복적으로 노출되어 익숙해지면 그 진술을 진실로 받아들인다'는 것이다. 같은 정보를 반복해서 주입하면 뇌는 사실이 아닌 것도 진실로 인지한다. 이처럼 반복 학습의 효과는 강력하다.

기업들은 이 이론을 소비자가 많이 고민하지 않고 구매하는 저관여 상품을 판매하는 데 이용한다. TV를 통해 같은 광고를 반복해서 들려주면 그 내용이 사실이든 아니든 소비자는 무의식적으로 TV 광고에서 자주 보던 그 물건을 선택한다.

의지와 열정이 있다면 아무리 어려운 공부도 할 수 있는 이유가 바로 여기에 있다. 반복 학습을 이길 장사는 없다.

반복 학습법을 과학적으로 설명해보자. 기억에는 감각 기억과 단기 기억과 장기 기억이 있다. 전화 안내원에게서 전화번호를 들으면 곧바로 전화를 걸 수 있다. 하지만 해당 전화번호를 계속해서 듣거나 말해서 외우지 않으면 잠시 후 그 전화번호를 잊어버린다. 버튼을 누르는 동안 전화번호를 기억하는 것은 단기 기억이고, 자기 집 전화번호를 오랫동안 기억하는 것은 반복에 의해서 장기 기억 장소에 저장이 되었기 때문이다.

　외부에서 자극이 감각 기관을 통해 들어오면 일부는 유실되고 나머지는 단기 기억으로 이전된다. 이 단기 기억은 20~30초가량 유지되므로 장기 기억으로 바뀌지 않으면 소멸된다.

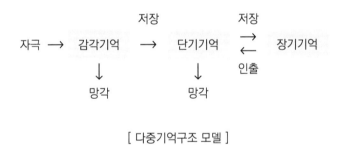

[다중기억구조 모델]

　단기 기억을 장기 기억으로 바꾸려면 어떤 작용이 필요하다. 이 작용이 리허설(rehearsal)과 부호화(coding)다. 부호화는 다음 장에서 살펴보고, 이곳에서는 리허설을 알아보자.

리허설(rehearsal)은 시연 또는 반복이라는 과정을 통해 이루어지는데, 리허설에는 유지 리허설과 정교화 리허설이 있다. 유지 리허설은 단순하게 같은 정보를 반복하는 것이고, 정교화 리허설은 새롭게 유입되는 기억을 이미 저장되어 있는 장기 기억속의 정보와 재구성해서 더욱 상세하고 뚜렷한 기억으로 만드는 것이다. 〈5장-논술식 2차 시험을 위한 학습법(효과적인 단계별 학습법)〉에는 다른 학습법과 함께 이 두 가지 반복 학습법을 효과적으로 이용하는 방법을 실었다.

학교나 학원에서도 이 반복 학습법을 이용해 공부를 시킨다. 어린 학생들에게 같은 내용을 반복해서 외우게 하는 식이다. 하지만 실력이 늘지 않는 경우도 많다. 그 이유는 두 가지다. 첫째는 아이들이 지루함을 느껴 제대로 반복하지 않는 경우다. 이럴 때는 반복을 하지만 아이들이 지루하지 않도록 기술적으로 반복해야 한다.

둘째는 아이들이 공부를 할 필요를 느끼지 못해 내적으로 거부하는 경우다. 그렇다고 군대나 사이비 종교 집단처럼 강제로 반복하게 만들 수도 없으니 실력이 늘지 않는다. 이럴 때는 공부하라고 아이들을 다그치기보다 왜 공부를 해야 하는지, 공부가 미래를 어떻게 바꾸는지 먼저 설명해야 한다. 아이들 스스로 공부를 하고 싶다는 생각이 들도록 동기부여를 하는 것이 먼저다.

🍀 핵심 요점 정리

- '하셔(Hasher)의 진실성 효과'에서 보면 같은 정보를 반복해서 주입하면 뇌는 사실이 아닌 것도 사실로 인지한다고 한다. 이처럼 반복 학습의 효과는 강력한데 이 말은 공부하려는 분야에 기초 지식이 풍부하면 공부가 더 쉽겠지만 기초 지식이 없어도 반복 학습을 통하면 얼마든지 공부가 된다는 의미이다.

- 인간의 기억 메커니즘을 보면 외부의 자극이 감각 기관을 통해 들어오면 일부는 유실되고 나머지는 단기 기억으로 이전된다. 이 단기 기억은 20~30초가량 유지되므로 장기 기억으로 바뀌지 않으면 소멸된다.

- 단기 기억을 장기 기억으로 바꾸려면 어떤 작용이 필요한데 이 작용이 리허설(rehearsal)과 부호화(coding)인데 리허설은 시연 또는 반복으로 이루어진다. 그래서 시연과 반복을 계속해주면 단기 기억에 있던 정보가 장기 기억에 잘 저장되게 되는 것이다.

2장

| 이중 부호화 학습의 비밀 |

　신경을 통해 많은 자극이 전해지면 뇌는 정보를 일시적으로 단기기억 장소에 보관한다. 단기기억 장소에서는 정보가 오래 머무르지 못한다. 따라서 계속 기억하려면 정보가 장기기억 장소로보내져야 한다. 학습하거나 외운다는 것은 단기기억 장소에 있는 정보들을 장기기억 장소로 잘 이동시켜 얼마나 오랫동안 보관할 수 있느냐의 문제다.

단기기억 장소에 있는 정보를 장기기억 장소로 보내는 데 도움을 주는 방법은 두 가지가 있다. 두 가지 방법 가운데 반복 학습(리허설)은 앞 장에서 소개했다. 이번에는 부호화(encoding)를 알아보자. 가장 기본이 되고 중요한 학습법은 반복 학습이다. 하지만 반복 학습만 가지고는 충분하지 않다. 좀 더 체계적이고 효율적으로 공부하려면 몇 가지 방법을 더해야 한다.

부호화(encoding)는 감각을 통해 들어온 정보에 의미를 부여해서 장기 기억에 있는 기존의 정보와 연결하고 결합하는 정보 처리 과정이다. 부호화는 이중 부호화 이론과 공감각 이론의 근거가 된다.

사람의 뇌 즉 장기 기억 장치는 시각, 청각, 촉각, 후각, 미각 등 여러 감각 가운데 한 가지 감각을 통한 정보보다 두 개 이상의 감각을 통한 정보를 더 잘 기억한다. 이것이 이중 부호화 이론(Dual coding theory)이다.

이중 부호화를 시키면 저장이 잘될 뿐만 아니라 나중에 기억을 불러올 때도 훨씬 유리하다. 다른 감각끼리 상호작용을 하고 관계를 맺어 하나의 감각이 다른 감각을 불러일으키기 때문이다.

이중 부호화 학습을 하면 기억만 잘하는 것이 아니라 재생도 잘

한다.

옛날 서당에서는 학생들에게 책을 큰 소리로 읽으라고 가르쳤다. '하늘 천, 땅 지' 하며. 훈장님은 소리를 내는 것뿐만 아니라 몸도 이리저리 흔들며 외우게 했다. 또 학창 시절에 공부 벌레로 불리는 친구들이 공부 내용을 종이에 빽빽하게 쓰며 외우는 것을 보았을 것이다. 눈으로만 보고 외우는 것보다 쓰거나 읽으면서 외우면 더 쉽게 외울 수 있다. 이것이 이중 부호화 학습법이다.

요점 정리를 위해 손으로 컴퓨터 키보드를 두드리고 눈으로 책을 읽으며 입으로 소리를 내어 읽으면 한꺼번에 여러 감각을 사용해서 공부할 수 있다. 잘 외워지지 않는 문장에 줄을 긋는 목적은 이해가 어려운 부분을 표시하려는 것만이 아니다. 줄을 긋는 행위가 암기에 도움이 된다. 수학 문제도 눈으로 보고 머리로만 이해를 하는 것과 노트에 직접 풀면서 공부하는 것은 효과에 큰 차이가 있다.

논술식 2차 시험은 노트에 쓰면서 준비해야 한다. 쓰는 행위 자체로 이중 부호화 학습이 되지만, 평소에 쓰는 연습을 하지 않으면, 시험장에서 알기는 아는데 표현을 못 하고 답안지만 바라보다 나오는 사태가 일어날 수도 있다. 머리와 손이 따로 노는 셈이다.

평소에 머릿속에 든 것을 손으로 표현하는 능력 즉 뇌와 손을 연결하는 것을 연습을 해야 한다. 쓰는 것이 바로 뇌로 가고, 뇌에서 떠오르는 내용이 바로 손 글씨로 표현되도록. 손이 밖으로 나온 또 다른 뇌라고 생각될 정도가 되어야 한다. 이 부분은 〈4장-OUTPUT의 생활화 - 뇌와 손을 연결하라〉에서 자세히 설명하겠다.

필자도 국가 자격증 공부를 시작할 때는 너무 오랜만의 공부라서 어떻게 할지 몰랐다. 그저 밀어붙이기식으로 공부를 했다. 무지한 방법이었지만 반복하는 횟수가 많으니 효과는 있었다. 하지만 효율적인 방법과는 거리가 있다. 필자는 다른 사람보다 많은 시간을 공부에 쏟았다. 공부의 질보다 양으로 승부한 셈이다. 하지만 시험에 합격한 다음에 다른 공부를 계속하며 효과적인 공부법을 찾으려고, 경영지도사 시험과목이었던 '소비자행동론'의 '소비자정보처리과정의 기억' 부분을 되짚고 필자의 실제 경험을 접목하였다. 이렇게 하니 어떤 공부법이 효과가 있고 그 원리가 무엇인지 더욱 잘 정리가 되었다. 필자가 정리한 공부법대로 개념을 잡고 공부를 해보니 공부에 대해 어느 정도 자신감이 생겼고 오랫동안 공부를 해오다 보니 자신도 모르게 이런 방법들이 이미 체화되어 있었다.

필자가 여러 이론들과 경험을 접목시켜 알기 쉽도록 정리한 공부법을 여러분에게 전하고 있다. 따라서 이 책을 다 읽고 난 다음에 여러분은 '어떻게 하면 공부를 잘할 수 있을까?', '합격할 수 있을까?' 하는 고민은 그만두고 공부에만 집중하기를 바란다.

🍀 핵심 요점 정리

- 사람의 뇌 즉 장기 기억 장치는 한 가지 감각을 통한 정보보다 두 개 이상의 감각을 통한 정보를 더 잘 기억하는데 이것이 이중 부호화 이론(Dual coding theory)이다.

- 이중 부호화를 시키면 저장이 잘될 뿐만 아니라 나중에 기억을 불러올 때도 훨씬 유리하다. 다른 감각끼리 상호 작용을 하고 관계를 맺어 하나의 감각이 다른 감각을 불러일으키기 때문이다.

- 요점 정리를 위해 손으로 컴퓨터 키보드를 두드리고 눈으로 책을 읽으며 입으로 소리를 내어 읽으면 한꺼번에 여러 감각을 사용해서 훨씬 효과적으로 공부할 수 있다.

3장

연상 학습법의 효과

　어린 시절에 즐겨 먹던 음식을 보면 그 음식을 해 주던 시골 어머니가 생각난다. 또 식구들이 둘러앉아 맛있게 밥을 먹던 모습도 떠오른다. 이처럼 한 가지 생각이 다른 생각을 불러오는 것이 연상이다. 이 연상 작용을 이용한 학습법이 연상 학습법이다.

　연상 학습법은 앞 장에서 설명한 공감각 이론이나 이중 부호화 이론처럼 한 가지 감각에 다른 감각을 연결해서 상호 관계를 맺으며 공부하는 방법이다. 연상 학습법은 우뇌를 자극하는 방법으로 정보를 이미지와 연결시켜서 장기기억 속에 저장한다. 기억을 되살릴 때는 이미지 감각을 통해 다른 감각에 대한 기억을 불러온다.

보통 연상 학습법에서는 이미지나 자신만의 부호를 사용해 연상 작용을 일으킨다. 하지만 어떤 감각이라도 연상 학습에 활용할 수 있다. 냄새나 소리, 맛도 가능하다. 즉 연상 학습법은 언어를 담당하는 좌뇌뿐만 아니라 이미지와 감성을 담당하는 우뇌의 능력을 함께 가져다 쓰는 것이다. 이러면 뇌의 기능이 더욱 커진다.

여러 정보나 문장을 외울 때 첫 글자만 따서 이미지로 만들거나 정보 전체를 그 어감이 주는 이미지와 연결시키면 외우기가 쉽다. 예를 들어 보자. '서비스의 다섯 가지 차원에는 유형성, 신뢰성, 응답성, 확신성, 공감성이 있다'라는 문장을 외운다고 가정하자. 첫 글자를 따서 '유신응확공'으로 외우면 문장 전체를 외울 때보다는 외우기가 편하다. 하지만, 유신이라는 아이를 연상하며 '유신이가 응확한 공이 있구나.'로 외우면 훨씬 잘 외워진다.

말이 되고 안 되고는 상관이 없다. 스스로만 아는 어떤 내용으로 이미지화하면 된다. 예를 하나 더 들자. '소비자가 고관여 제품의 구매할 때 의사결정 과정은 문제 인식 → 정보탐색 → 대안평가 → 구매 → 구매 후 행동이다'라는 문장을 외워보자. 첫 글자를 따면 '문정대구구'이므로, 문정이라는 아이를 연상하며 '문정이가 대구구에 갔구나' 하는 식으로 외운다.

　연상 학습법에는 단어나 문장뿐만 아니라 그래프나 도식(圖式)도 이용한다. 공부할 내용을 그래프나 그림으로 그려서 연상 작용을 불러일으키며 외운다. 또 공부한 내용을 방사형으로 적어가며 그림으로 만들어 공부하기도 한다. 머릿속에 일종의 개념도를 그려 넣는 것이다. 이 방법은 틀에 박힌 목차를 쫓지 않고 생각이 가는 대로 새로운 내용을 추가하며 막힘없이 공부하는 방식이다. 한 주제에 대한 키워드(key word: 핵심 단어)를 작성하다 보면 그와 연관된 다른 내용이 생각나고 또 이것을 정리하다 보면 연관된 또 다른 내용이 떠오른다.

　키워드를 써넣다가 모르는 것이 나올 때 그냥 넘어가면 안 된다. 책을 펼쳐 보든지 선생님에게 물어보든지 반드시 답을 알아내 내용을 이해하고 다음으로 넘어가야 한다. 모르는 것이 나올 때마다 찾아내서 알게 된 것들이 모여서 실력이 된다.

　생각이 꼬리에 꼬리를 물고 가는 대로 공부를 하다 보면 하나의 큰 도식이 만들어진다. 이러면 이미 학습한 이미지와 기억들이 서로 관계를 맺어 탄탄한 기억의 사슬을 만드는 연상 네트워크가 형성된다. 이제는 자신이 무엇을 알고 무엇을 모르는지 금방 깨닫는다.

반복 학습과 이중 부호화 학습으로 공부 내용을 어느 정도 이해하고 암기한 상태에서 전체적으로 체계를 잡거나 정리를 할 때 연상 학습법을 사용하면 학습 내용을 장기 기억 속에 단단하게 붙들어 둘 수 있다.

　　연상 학습법을 이용해 공부 내용을 체계화하지 않으면 정리도 안 될뿐더러 논술식 2차 시험을 볼 때 아는 것을 표현하는 데도 애를 먹는다. 외우는 것도 중요하지만 외운 것을 체계화하고 잊지 않도록 반복해서 재구조화시키는 것도 중요하다. 또한, 체계화시켜서 출력하는 연습도 중요하다. 아는 것에 새로운 것을 보태 다시 조율하고 재구조화하는 작업을 시험이 끝나는 날까지 계속해야 한다.

🍀 핵심 요점 정리

- 어린 시절에 즐겨 먹던 음식을 보면 그 음식을 해 주던 시골 어머니가 생각난다. 또 식구들이 둘러앉아 맛있게 밥을 먹던 모습도 떠오른다. 이처럼 한 가지 생각이 다른 생각을 불러오는 것이 연상이다.

- 연상 학습법은 한 가지 감각에 다른 감각을 연결해서 상호 관계를 맺으며 공부하는 방법이다. 특히 우뇌를 자극하는 방법으로 정보를 이미지와 연결시켜서 장기 기억 속에 저장한다.(A를 생각하면 B가 떠오르고 B를 생각하면 C가 떠오른다)

- 반복 학습과 이중 부호화 학습으로 공부 내용을 어느 정도 이해하고 암기한 상태에서 전체적으로 체계를 잡거나 정리를 할 때 반복학습과 이중 부호화 학습과 함께 연상 학습법을 병행하면 학습 내용을 장기 기억 속에 더 단단하게 붙들어 둘 수 있다.

- 공부한 내용을 머릿속에 체계적으로 정리하는 것도 중요하지만, 체계화시켜서 출력할 수 있는 능력을 기르는 것도 중요하다.

4장

OUTPUT의 생활화
– 뇌와 손을 연결하라

   논술식 2차 시험을 치를 때 사람들이 흔히 저지르는 실수는 답안지 작성을 제대로 못하는 것이다. 모르는 문제에 답을 달지 못하는 것은 당연하지만, 아는 문제인데도 불구하고 답을 달지 못하는 경우도 많다. 공부도 열심히 하고 아는 문제도 나왔는데 답을 제대로 못 쓴다면 얼마나 억울하겠는가?

   정해진 시간 안에 출제자가 원하는 답을 답안지에 빽빽하게 쓰지 못하면 절대로 논술식 2차 시험에 합격할 수 없다. 몇 시간 동안 답을 쓰다 보면 팔이 저리고 마비가 될 정도로 아프다. 그래도 참고 끝까지 써야 한다. 잘 모르는 문제가 나와도 알고 있는 지식을 총동원해서 문제에 대한 답을 나름대로 성의껏 적어야 한다.

아는 문제가 나왔는데도 답을 제대로 적지 못한다면 결과적으로 공부를 안한 것과 마찬가지다. 이해하고 외워서 책 내용을 머릿속에 입력하는 데 그치지 말고 입력된 정보를 제대로 출력하는 연습을 해야 한다.

따라서, 시험공부를 할 때는 뇌와 손을 연결하는 연습이 중요하다. 손으로 쓰는 것은 뇌로 전달해 기억을 시키고, 머리에서 생각나는 것은 바로 손으로 표현하도록 하는 것이다.

강의를 들으며 중요하다고 생각되는 부분이 있으면 책이나 노트에 메모하는 것이 좋다. 이런 습관은 손 글쓰기 능력을 키운다. 서브 노트를 작성하거나 쓰면서 외우는 습관은 외우고 암기하는 데 좋은 방법이다. 또, 큰 목차부터 작은 목차까지 순서대로 책 내용을 키워드 중심으로 써서 정리하는 것도 좋은 방법이다.

실제로 답안지 쓰는 연습을 틈틈이 해야 하는 또 다른 이유가 있다. 요즘에는 주로 컴퓨터로 글을 쓰다 보니 대부분의 사람들이 글씨를 잘 쓰지 못한다. 다른 사람이 알아보기 어렵게 글씨를 쓰는 사람도 많다. 그뿐만 아니라 생각을 바로바로 글로 표현하는 데 익숙하지 못하다. 따라서 손으로 글을 쓰는 연습을 많이 해야 한다.

그렇다고 따로 시간을 내 글쓰기 연습을 할 필요는 없다. 공부를 할 때 손으로 써가며 공부를 하면 글쓰기 훈련도 함께 이루어진다. 회사에서 보고서를 읽듯이 눈으로만 공부하는 사람들이 많다. 처음부터 끝까지 그런 식으로 공부를 하면 아까운 시간만 낭비할 뿐, 제대로 공부가 되지 않는다. 스스로는 공부에 열중하고 있다고 생각하겠지만. 귀한 시간을 내 공부를 하는데, 이왕이면 효율이 높은 방법을 선택해야 한다.

답안을 논술식으로 작성하는 요령도 익혀야 한다. 실제로 시험을 보는 것처럼 시간을 정해 놓고 직접 문제를 풀어보는 것이다. 이 부분은 나중에 '논술식 답 쓰기의 요령'에서 집중적으로 설명한다.

이해하고 외워서 머릿속에 정보를 많이 축적하는 것도 중요하다. 원하는 답을 바로바로 원하는 형식으로 표현하는 능력을기르는 공부도 반드시 필요하다.

열심히 공부해서 장기 기억 장소에 많은 정보가 저장되어 있어도 필요할 때 필요한 부분을 꺼내 종합적으로 다시 구성해서 자신의 논리대로 풀어 쓰는 능력이 없다면, 논술식 2차 시험에서 좋은 점수를 얻기가 어렵다. 논술식 2차 시험은 객관식 1차 시험과는 다르다.

따라서 세 가지 훈련이 필요하다. 첫째는 뇌와 손을 연결하는 연습(생각하는 것을 곧바로 표현할 수 있도록 하는 연습)이고, 둘째는 논리적으로 표현하는 연습(답안지를 논리적으로 작성할 수 있도록 하는 연습)이다. 그리고 세 번째로 글씨체에도 신경을 써야 한다.

이런 것들을 평소에 연습하지 않으면, 학창 시절부터 사지 선다형의 객관식 문제 풀이에 길들여진 우리가 논술식 2차 시험 답안지를 제대로 작성하기란 매우 어려운 일이다. 그러므로 OUTPUT 삼박자인 뇌와 손을 연결하는 연습, 논리적으로 표현하는 연습, 보기 좋은 글씨를 쓰는 연습을 절대로 잊지 말자.

🍀 핵심 요점 정리

- 시험공부를 할 때는 뇌와 손을 연결하는 연습이 중요하다. 손으로 쓰는 것은 뇌로 전달해 기억을 시키고, 머리에서 생각나는 것은 바로 손으로 표현할 수 있도록 해야 한다.

- 요즘에는 주로 컴퓨터로 글을 쓰다 보니 대부분의 사람들이 글씨를 잘 쓰지 못하고 다른 사람이 알아보기 어렵게 글씨를 쓰는 사람도 많으므로 실제로 답안지 쓰는 연습을 틈틈이 해야 한다.

- 논술식 2차 시험에서 좋은 점수를 얻기 위해서는 열심히 공부해서 장기 기억 장소에 저장되어 있는 많은 정보를 필요할 때 자신의 논리대로 풀어 쓸 수 있는 능력을 갖춰야 한다.

- 논술식 2차 시험에서 좋은 점수를 받기 위해서는 공부 외에 세 가지 필요한 연습이 있다. 첫째는 뇌와 손을 연결하는 연습, 둘째는 논리적으로 표현하는 연습, 셋째로 글씨체를 바르게 쓰는 연습이다.

5장

논술식 2차 시험을 위한 학습법 (효과적인 단계별 학습법)

이 장에서는 지금까지 공부한 반복 학습법과 이중 부호화 학습법, 연상 학습법을 이용해서 단계마다 효과적으로 공부하는 방법을 종합적으로 살펴볼 것이다.

반복 학습법은 말 그대로 반복해서 공부하는 것이다. 하지만 단순하게 무조건적으로 반복해서는 안 된다. 단계에 따라 종합적인 공부법을 추가하며 반복해야 효과가 좋다.

단계에 따라 어떤 학습법을 적용해야 효율적인 공부가 되는지 알아보자.

첫 번째 단계는 무조건 읽는 단계다. 내용을 이해하든 이해하지 못하든 상관이 없다. 이해가 안 되도 읽기를 멈추지 말아야한다. 내용이 어렵다고 포기해서도 안 된다. 이해를 못 해도 읽으면 기억 속에 약하지만 하나의 스키마(schema:개요)가 만들어진다. 스키마는 사전 지식이나 사전 경험의 일종으로 우리의 경험을 바탕으로 어떤 기억 속에 자리 잡고 있는 지식들의 집합 또는 네트워크이다. 미약하더라도 스키마가 있는 것과 없는 것은 지각에 큰 차이가 있다. 공부를 할 때 가장 많은 시간이 소요되면서도 제일 어렵고 난관에 부딪히는 단계가 바로 읽는 단계다. 그래서 전혀 새로운 학문을 시작하려고 할 때는 그만큼 더 어려운 것이다.

만약 한 해에 1차 시험과 2차 시험을 모두 합격하려면, 객관식 1차 시험을 준비하면서 2차 시험 공부도 함께 해야 한다. 이때는 1차 시험 준비에 비중을 두며 2차 시험 과목들은 스키마를 만들기 위한 첫 번째 단계의 공부를 해야 한다. 기본서(基本書)를 하나 정해 처음부터 끝까지 한 번 정독하는 과정을 통해 기억 속에 스키마가 만들어진다. 스키마를 만들어 놓지 않고 1차 시험에 합격한다고 해도 다음 2차 시험 준비를 시작하면 시간이 부족할 수 있다.

위에서 설명했듯이 스키마(schema)가 없는 상태에서 전혀 새로운 정보가 들어오면 뇌는 이미 스키마가 있을 때보다 그 정보를 지각하는 데 어려움을 겪는다. 사람의 지각은 새로 들어온 자극을 여러 정보처리 과정을 거쳐 조직화해서 자신의 지식 구조에 포함시킨다. 이때 이미 존재하는 지식과 함께 체계적으로 정돈하고 조직화한다. 따라서 사전 지식이 있는 사람은 사전 지식이 없는 사람보다 새로운 정보를 빨리 받아들인다.

기업들도 지각 구조의 스키마를 이용한다. 기업이 신제품을 알릴 때 소비자에게 신제품에 대한 스키마가 존재하지 않으면 광고가 나와도 소비자들이 기억하지 못한다. 따라서 이미 시장에 나와 있는 타사 제품의 이미지를 이용해서 신제품 광고를 만들기도 한다. 예를 들면, 필립스(Philips) 사는 '전구에 있어 벤츠'라는 광고를 하였다. 벤츠 자동차라는 소비자가 이미 가지고 있는 기억의 스키마를 이용해서 필립스 전구를 벤츠처럼 오래가는 내구재로 분류시키기 위한 의도에서 만들어진 광고다.

두 번째 단계는 읽으면서 이해하는 단계다. 두 번째 단계에서는 읽는 속도가 첫 번째 단계보다 빠를 것이다. 첫 번째 단계와는 달리 지금부터는 모르는 부분을 그냥 넘기면 안 된다. 반드시 이해를 하고 넘어가야 한다. 모르는 부분은 밑줄을 긋거나 표시를 하거나 따로 노트에 적어야 한다. 스스로 답을 찾지 못하면 동료나 선생님에게 물어봐서라도 답을 얻어야 한다. 공부를 잘하려면 모르는 것이 생겼을 때 반드시 알고 넘어가는 습관을 길러야 한다. 메모를 해 놓았다가 나중에라도 꼭 찾아봐야 한다. 처음에는 몰랐지만 찾아서 알고 넘어간 것들이 모여 실력이 된다. 첫 번째 단계와 두 번째 단계가 동시에 이뤄질 수도 있다.

　세 번째 단계는 요약하는 단계다. 전체적인 목차를 생각하며 각 과목마다 공부한 책 내용을 노트에 요약한다. 과목마다 기본서 외에 관련 서적을 동시에 볼 수도 있다. 이 요약은 공부하고 있는 책마다 하기에는 분량이 많을 수 있다. 따라서 손으로 직접 쓰며 외우면 좋겠지만 컴퓨터 워드를 이용해도 괜찮다. 이것 또한 반복 학습의 한 형태로 이런 과정을 통해 외워지는 것이다. 이렇게 목차 별로 정리를 하면 내용의 윤곽과 전체적인 흐름을 파악할 수 있다. 손으로 쓰면서 외우는 것이 왜 중요한 지는 '이중 부호화 학습의 비밀'에서 공부한 바 있다. 하지만, 공부할 시간이 그리 많지 않아 책마다 본문 내용을 모두 요약하면서 공부할 수가 없다면, 최소한 기본서라도 요약을 해보기를 바란다. 그러면 책 내용을 이해하고 외우는 데 많은 도움이 될 것이다.

　네 번째 단계는 서브 노트를 만들고 외우는 단계다. 세 번째 단계는 책 내용을 모두 요약해서 책 내용 자체를 파악하는 것이고, 네 번째 단계는 공부하면서 중요하다고 생각되는 부분들을 모아서 노트에 요점 정리를 하는 것이다. 이렇게 해서 들고 다니며 외울 수 있도록 한다. 서브 노트에는 중요한 내용에 대한 요점 정리와 외워지지 않는 것들을 축약해서 부호화한 것(예: 문정대구구), 예상 문제와 답들, 꼭 외워야 할 내용들을 정리한다.

다섯 번째 단계는 기본서와 관련서를 다시 1단계와 2단계로 돌아가 처음부터 끝까지 정독하는 것이다. 앞의 첫째, 둘째단계의 공부와 다른 점은, 그때는 제대로 내용을 이해하지 못하고 무작정 읽었다면 이제부터는 책 내용을 이해하고 읽으므로 책을 읽는 속도가 점점 빨라질 것이다. 수시로 서브 노트를 암기하면서 책을 통문장으로 처음부터 끝까지 읽어 내려가야 한다. 이 단계는 다음 장에서 소개하는 객관식 1차 시험공부 방법과 가장 다른 부분이다. 1차 시험은 객관식 선택형이어서 눈으로만 익혀도 답을 맞힐 수 있다. 하지만, 논술식 2차 시험은 절대 그렇지 않다. 문장을 통째로 이해하고 외워서 내 것으로 만들어야만 제대로 답을 쓸 수 있다.

논술식 2차 시험공부가 어려운 이유는 크게 두 가지가 있는데, 하나는 정해진 시험 범위와 수험 교재가 따로 있지 않다는 것이다. 또 다른 이유는 아는 내용을 논리적으로 서론, 본론, 결론에 맞게 논리적으로 풀어서 논술식으로 답을 써내야 한다는 것이다. 그러므로 공부 방법에서도 우리가 흔히 알고 있는 객관식 시험과는 확연히 다른 방법으로 해야 하는 것이다.

위의 4단계까지는 1차 객관식 시험공부와 그렇게 다르지 않다. 하지만, 논술식 시험에서는 핵심 키워드나 요점만 달달 외워서는 절대 시험장에서 논리적으로 답을 써내려 갈 수 없다. 그 이유는 우리의 장기 기억 속에 저장되어 있는 정보를 꺼내쓰기 위해서는 다시 단기 기억으로 정보를 불러와야 하는데, 정보를 인출하는 방법에는 회상(recall)과 재인(recognition)이 있다. 재인은 주어진 정보가 장기 기억 속에 있는지 확인하는 과정이고, 회상은 장기 기억에 있는 정보를 그대로 인출하는 과정이다. 여기서 객관식 시험은 재인을 측정하는 방법이고 주관식 시험은 회상을 측정하는 방법으로 서로 많이 다르다. 재인은 그 기억이 있는지 확인만 하면 되므로 공부 방법에서도 이해만 해도 되지만, 회상은 기억해야 하는 내용을 꺼내 재구성해야 하므로 더욱 체계적이고 깊이 있는 공부를 해야 한다.

그러기 위해서는 다섯 번째 단계에서 기본서를 비롯한 관련 서적들을 처음부터 끝까지 통문장으로 읽고 또 읽어서 모든 이론들을 내 머릿속에 정립시켜야 한다. 공부한 이론을 폭넓게 이해해서 완전히 자기 것으로 만드는 것이 논술식 2차 시험 공부법의 핵심이다. 해당 학문에 대해 깊이 있는 이론적 정리를 해야하고, 관련 지식을 많이 알아야 한다. 이렇게 하려면 수험 서적을 한 권만 봐서는 안 되고 권위 있는 저자가 쓴 책들을 함께 공부해야 한다.

같은 내용이라도 저자마다 학문적 용어 정의와 분류 체계가 다른 것을 쉽게 발견할 수 있다. 기본 이론에 알파를 더하는 형식을 사용한 경우도 있고 전혀 다른 시각으로 이론을 정리한 경우도 있다. 어떤 책에서는 내용을 이렇게 설명하고 다른 책에서는 저렇게 설명했다는 식으로 책을 비교하고 분석하는 것이 가능할 정도로 공부해야 논술식 2차 시험에 아무리 어려운 문제가 나와도 나름의 이론을 정립해서 쓸 수가 있다. 기본서를 중심으로 여러 차례 통문장을 반복해서 읽고 가능한 많은 관련 서적을 보자.

공부를 하다 보면 때때로 공부한 내용이 까마득하고, 분명히 이해를 했는데 돌아서면 생소한 경우도 있다. 이럴 때면 '제대로 공부를 하고 있나'라는 의구심이 든다. 하지만, 공부가 안 되는 것이 아니다. 불안해 말고 시험이 끝날 때까지 시간이 날 때마다 책을 보자. 어느 날 책 내용이 훤히 들여다보이는 임계치에 도달할 것이다.

시험 준비를 하는 사람이 시간이 날 때마다 책을 보는 것은 너무나 당연하다. 조각 시간이라도 낭비하지 말고, 잠자기 전에 한번 보고, 눈뜨면서 다시 보고, 차나 전철을 탈 때도 요점 정리를 한 노트를 준비하고 걸어다니면서 읽자. 이러면 어느 순간 자신감이 생길 것이다.

어느 책을 몇 번을 읽어야 하는지는 말해줄 수가 없다. 그것은 개인의 기초 지식과 학습 능력이 모두 다르기 때문이다. 다만 가능한 미련할 정도로 많이, 또는 무한 반복하라고 말하고 싶다. 또 책을 읽다 보면 점점 책을 읽는 속도가 빨라지는 것을 알 수 있을 것이다. 처음에는 한 권을 다 읽는데 한 달이 걸렸다면 그 다음은 3주, 그 다음은 2주 하는 식으로.

그리고 공부를 할 때 초반에는 한 과목만 집중적으로 할지 아니면 다른 과목과 적절히 시간 배분을 하며 공부를 하는 게 더 효과적인지에 대해 궁금할 수도 있다. 그런 계획이나 룰은 각자에 맞게 세우면 된다. 자신은 한참 어떤 부분에 대해 몰입이 되어 공부에 집중이 되고 있는데 다른 과목 공부할 시간이라고 하던 것을 접고 다시 새로운 과목 공부를 해야 할 필요는 없다.

하지만, 나중에 중·후반에 가서는 그런 계획이 필요하다. 모든 과목에 대해 골고루 시간 안배를 해서 한 과목이라도 소홀히 하지 않도록 해야 한다. 특히 시험이 얼마 남아 있지 않은 상황에서는 당연히 책을 보는 속도도 빨라지겠지만, 그때는 이 과목을 공부하다가도 저쪽 부분이 궁금하거나 모르는 것이 떠오르면 그 과목 책을 찾아서 바로바로 확인해서 모르는 내용을 공부해 나가는 탄력성이 필요하다.

또 아무리 시간이 없고 다른 일로 바빠도 그날 공부하기로 한 할 당량은 꼭 채우고 하루를 마감하는 습관을 들이도록 하자. 장기 계획과 단기 계획을 세울 때 매일 매일의 계획에는 그날 공부해야 할 분량이 나온다. 아무리 힘들어도 그날 하기로 한 분량은 꼭 채운다는 각오가 필요하다. 그 정도의 독한 마음이 없이는 공부를 계속하기 힘들다.

성인이 되어서 공부를 한다는 게 여러모로 쉽지 않은 일들이 많다. 공부가 힘들어도 공부를 하고 싶은 사람에게는 실컷 공부할 수 있는 시간이 주어진다는 것은 행복이다. 하지만, 그런 일 은 잘 일어나지 않는다. 학창시절과 달리 편안히 앉아서 공부만 할 수 있도록 주위 여건이 허락되지 않는 경우가 많기 때문이다. 하지만, 그 모든 것을 극복해내야만 합격의 길로 갈 수 있다.

여섯 번째 단계는 내가 공부한 내용을 되도록이면 책을 보지 않고 전체적인 도면을 그리듯이 커다란 용지에 방사형으로 정리해보는 단계이다. 키워드(key word)를 중심으로 큰 목차와 작은 목차로 뼈대를 세우고 방사형으로 내용을 추가하고, 다시 연관되는 키워드를 삽입하는 식으로 세계지도나 가지가 많은 큰 나무를 그리듯이 전체 내용을 한눈에 알아볼 수 있게 만든다.

이러면 책 내용이 머릿속에서 목차와 키워드로 이루어진 하나의 그림으로 만들어 진다. 〈3장-연상 학습법의 효과〉에서 설명한 것처럼 책을 하나의 그림으로 만들어 정리하면 공부한 것이 더욱 체계화될 것이다. 기억을 재구조화시켜서 더욱 탄탄해지고 오래 지속되며, 시험장에서 기억을 체계적으로 끌어다 쓸 수 있다.

　마지막으로 일곱 번째 단계는 시험이 목전에 왔을 때 기출문제를 풀어서 모범 답안지를 작성해 보는 것이다. 인터넷에는 자신이 준비하려는 국가 자격증 시험의 2차 논술시험의 빈 답안지 양식을 파일로 다운 받을 수 있을 것이다. 그것을 출력해서 실제 문제를 풀어보듯 기출 문제를 풀어보고 자신이 직접 출제자가 되어 예상 문제를 만들어 모범 답안을 작성해 보는 것이다. 실제로 시간을 재면서 문제를 써내려가는 연습도 좋은 방법이다. 그렇게 함으로써 실제 시험장에서 시험 보는 느낌으로 긴장을 가지고 시험을 치르는 연습을 할 수 있다. 또 기회가 된다면 모의시험의 기회를 가져 보는 것도 좋은 경험이 된다.

🍀 핵심 요점 정리

- 첫 번째 단계는 무조건 읽는 단계다. 내용을 이해하든 이해하지 못하든 상관이 없다. 이해가 안 되도 읽기를 멈추어서는 안 되고 내용이 어렵다고 포기해서도 안 된다.

- 두 번째 단계는 읽으면서 이해하는 단계다. 두 번째 단계에서는 읽는 속도가 첫 번째 단계보다 빠를 것이다. 첫 단계와는 달리 지금부터는 모르는 부분을 그냥 넘어가는 일이 없이 이해 하고 넘어가야 한다.

- 세 번째 단계는 요약하는 단계다. 전체적인 목차를 생각하며 각 과목마다 공부한 책 내용을 노트에 요약한다. 과목마다 기본서 외에 관련 서적을 두 권을 볼 수도 있고 세 권을 볼 수도 있는데 시간이 많지 않다면 최소한 기본서라도 요약을 하도록 하자.

- 네 번째 단계는 서브 노트를 만들고 외우는 단계다. 세 번째 단계는 책 내용을 모두 요약해서 책 내용 자체를 파악하는 것이고, 네 번째 단계는 공부하면서 중요하다고 생각되거나 잘 외워지지 않는 부분들을 모아서 노트에 요점정리를 하는 것이다. 이렇게 해서 정리한 서브노트를 들고 다니며 시간이 날 때 마다 공부하는 습관을 들이도록 하자.

- 다섯 번째 단계는 기본서와 관련서들을 다시 1단계와 2단계로 돌아가 처음부터 끝까지 정독해서 읽는 것이다. 수시로 서브 노트를 암기하면서 책을 통문장으로 처음부터 끝까지 통문장으로 읽고 또 읽어서 모든 이론들을 내 머릿속에 정립을 시켜야 한다. 공부한 이론을 폭넓게 이해해서 완전히 자기 것으로 만드는 것이 논술식 2차 시험 공부법의 핵심이다.

- 논술식 2차 시험공부가 어려운 이유는 크게 두 가지가 있는데, 하나는 정해진 시험 범위와 수험 교재가 따로 있지 않다는 것이다. 또 다른 이유는 아는 내용을 논리적으로 서론, 본론, 결론에 맞게 논리적으로 풀어서 논술식으로 답을 써내야 한다는 것이다. 그러므로 공부 방법에서도 우리가 흔히 알고 있는 객관식 시험과는 다른 방법으로 해야 한다.

- 여섯 번째 단계는 내가 공부한 내용을 되도록이면 책을 보지 않고 전체적인 도면을 그리듯이 커다란 용지에 방사형으로 정리해 보는 단계다. 키워드(key word)를 중심으로 큰 목차와 작은 목차로 뼈대를 세우고 방사형으로 내용을 추가하고, 다시 연관되는 키워드를 삽입하는 식으로 세계지도나 가지가 많은 큰 나무를 그리듯이 전체 내용을 한눈에 알아볼 수 있게 만든다.

- 일곱 번째 단계는 시험이 목전에 왔을 때는 기출문제를 풀어서 모범 답안지를 작성해 보는 것이다. 인터넷에는 자신이 준비하려는 국가 자격증 시험의 2차 논술시험의 빈 답안지 양식을 파일로 다운 받을 수 있을 것이다. 그것을 출력해서 실제 문제를 풀어보듯 기출 문제를 풀어보고 자신이 직접 출제자가 되어 예상 문제를 만들어 모범 답안을 작성해 보자.

6장

| 객관식 1차 시험을 위한 학습방법 |

이 책은 논술식 2차 시험의 공부 방법과 시험 요령을 주로 다룬다. 많은 수험생들이 객관식 1차 시험보다는 논술식 2차 시험을 공부하는 방법을 더 궁금해 한다. 많은 성인들이 학창 시절에 논술 시험을 치러 본 적이 없어 기억 속에 논술 시험에 대한 스키마(schema)가 내재하지 않은 탓이다.

하지만, 1차 시험을 통과해야 2차 시험을 치를 기회를 얻는다.

따라서 2차 시험보다는 1차시험이 더 중요할 수도 있겠다. 이번 장에서 객관식 1차 시험이 논술식 2차 시험과는 어떻게 다른지, 객관식 1차 시험을 잘 보려면 어떻게 공부해야 하는지를 중점적으로 다룬다.

뇌의 기억 메카니즘(mechanism)을 다시 한번 살펴보자. 단기 기억에 있는 정보를 오래 기억하려면 장기 기억에 저장되어야 한다. 반대로 장기 기억에 저장된 정보를 꺼내 쓰려면 단기 기억으로 다시 가져와야 한다. 이렇게 정보를 인출하는 방법에는 회상기억과 재인 기억이 있다. 회상(recall)은 장기 기억에 있는 정보를 그대로 인출하는 과정이고, 재인(recognition)은 주어진 정보가 장기 기억에 있는지 확인하는 과정이다.

주관식 필기시험이 회상을 측정하는 방법이라면, 객관식 시험은 재인을 측정하는 방법이다. 회상은 기억해야 하는 내용을 꺼내 재구성하는 것이고, 재인은 제시된 정보가 기억에 존재하는지 확인하는 것이다. 여기서 객관식 1차 시험을 준비하는 효율적인 방법에 대한 실마리를 얻을 수 있다.

객관식 1차 시험은 주어진 답 가운데 가장 옳다고 생각되는 것을 골라서 답안지에 표시하는 방식이다. 재인은 기억을 인출할 때 복잡한 재구성의 과정을 거치지 않는다. 단지 기억된 내용과 시험 문제의 내용이 맞는지만 확인하면 된다. 따라서 객관식 1차 시험공부는 공부의 깊이나 디테일(detail)면에서 논술식 2차 시험공부만큼을 요구하지는 않는다. 반복 학습을 통한 암기에 더 비중을 둔다. 그렇다고 대충 준비해도 된다는 뜻은 아니다.

따라서 객관식 1차 시험을 준비할 때는 논술식 필기시험 을 위한 OUTPUT 방식보다는 기출문제를 많이 푸는 방식으로 OUTPUT 공부를 해야 한다. 기출문제를 많이 푸는 것은 객관식 1차 시험을 준비하는 가장 효과적인 방법이다.

그러면 객관식 1차 시험을 준비하는 효과적인 단계별 공부법을 알아보자. 외우고 이해하기 위한 공부법은 논술식 2차 시험공부와 크게 다르지 않다. 하지만 공부법이 보다 단순하다.

첫 번째 단계는 논술식 2차 시험공부처럼 내용을 이해하든 이해하지 못하든 기본서를 무조건 읽어라 이다. 어렵고 힘들어도 무조건 한 차례 읽고 넘어가야 한다. 공부하는 과목에 사전 지식이 있으면 읽는 속도가 빠르지만 그렇지 못하더라도 걱정할 필요가 없다.

두 번째 단계도 논술식 2차 시험공부처럼 읽으면서 이해하는 단계다. 기본서를 중심으로 첫째 단계보다 좀 더 깊이 있게 이해하면서 모르는 내용들을 체크하거나 메모하면서 공부하는 단계다.

세 번째 단계는 조금 다른데 기출문제를 푸는 단계다. 기출문제를 풀며 모르는 문제가 나오면 기본서 등을 찾아서 반드시 이해를 하고 넘어가야 한다.

네 번째 단계는 요점 정리를 하는 단계다. 기출문제를 풀며 몰랐던 내용을 서브 노트에 정리해야 한다. 그 외에도 반드시 외워야 할 내용이나 반복해서 틀리는 문제, 시험에 나올 것 같은 문제들을 노트에 정리해서 외우도록 한다.

요점 정리를 하면 아는 것과 모르는 것, 중요한 것과 중요하지 않은 것을 명확하게 구분할 수 있다. 또 노트를 들고 다니며 반복적으로 공부를 하다 보면 어느새 공부한 내용이 머릿속에 들어 있는 것을 발견하게 된다.

다섯 번째 단계는 위의 3단계와 4단계를 가능한 한 많이 반복해서 공부하는 단계다. 이 부분이 논술식 2차 시험 공부와는 방법이 다르다. 논술식 2차 시험은 아는 것을 논리적인 문장으로 조리 있게 써야 하므로 서술식 공부가 필요하다. 따라서 요점 정리를 한 다음에 그 내용을 암기하고 다시 책을 통해 통 문장을 읽으며 전체 문장을 전개하는 방식으로 공부해야 한다. 하지만, 객관식 1차 시험공부는 그렇지 않다. 내용을 함축한 요점을 알고 그에 대한 이해와 암기만 충분히 되어 있으면 답을 맞힐 수 있다. 따라서 가장 중요한 객관식 1차 시험공부 방법은 반복적인 기출문제 풀이다.

대부분의 국가 자격증 1차 시험은 사지선다형 또는 오지선다형의 객관식 시험이다. 각 과목마다 25문항이나 40문항이 출제되며, 100점 만점을 기준으로 각 과목마다 40점 이상을 얻어 과락이 없고 전체 평균이 60점 또는 70점 이상을 넘어야 합격할 수 있다.

국가 자격증 1차 시험의 출제 방식은 문제은행식으로 새롭게 출제되는 문제와 기존에 출제된 문제를 섞어서 랜덤(random)으로 추출한다. 따라서 새롭게 출제되는 문제보다 기존에 나왔던 문제가 다시 나올 확률이 더 높다. 어떤 시험은 기존 문제에서 60%까지 출제되는 경우도 있다.

먼저 준비하는 시험의 출제 방식이 문제은행식이냐 아니면 새로운 출제자가 기출문제를 바탕으로 새롭게 구성한 문제를 출제하느냐를 확인해야 한다. 하지만, 새로운 출제자가 모든 문제를 새롭게 내더라도 기출문제를 완전히 무시하고 전혀 새로운 문제를 내는 데는 한계가 있다. 결국 기존에 나왔던 문제를 약간 변형하거나 응용해서 출제한다.

따라서 기출문제 풀이 위주로 공부만 해도 최소한 과락은 면할 수 있다. 여러 과목 가운데 수험생이 가장 자신 있는 과목을 집중적으로 공부해서 평균 점수를 올려 합격하는 전략을 짜야한다.

  기출문제집 몇 권을 몇 번 보아야 하는지는 알 수가 없다. 되도록 서로 다른 저자가 정리한 여러 문제집을 여러 번 풀어서 완전하게 익혀야 한다. 가능한 미련할 정도로 많이, 또는 무한 반복으로. 한 가지 주의할 점이 있다. 그냥 눈으로 '문제 보고 답 보고'하는 식으로 수박 겉핥기 식으로 공부하면, 나중에 문제가 조금만 변형되거나 응용되어 출제가 되어도 맞추기 어렵다. 객관식 1차 시험공부라고 해도 깊이 있게 준비해야 한다. 또 한 번 풀어본 문제는 다시 틀리지 않고 내 것이 될 수 있도록 보고 또 보아서 외우도록 해야 한다.

🍀 핵심 요점 정리

- 주관식 필기시험이 회상을 측정하는 방법이라면, 객관식 시험은 재인을 측정하는 방법이다. 회상은 기억해야 하는 내용을 꺼내 재구성하는 것이고, 재인은 제시된 정보가 기억에 존재하는지 확인하는 것이다. 여기서 객관식 1차 시험을 준비하는 효율적인 방법에 대한 실마리를 얻을 수 있다.

- 객관식 1차 시험공부는 공부의 깊이나 디테일(detail) 면에서 논술식 2차 시험공부만큼을 요구하지는 않는다. 반복 학습을 통한 암기에 더 비중을 둔다. 기출문제를 많이 푸는 것은 객관식 1차 시험을 준비하는 가장 효과적인 방법이다.

- 첫 번째 단계는 논술식 2차 시험공부처럼 내용을 이해하든, 이해하지 못하든 기본서를 무조건 읽어야 한다. 어렵고 힘들어도 무조건 한 차례 읽고 넘어가야 한다.

- 두 번째 단계도 논술식 2차 시험공부처럼 읽으면서 이해하는 단계다. 기본서를 중심으로 첫째 단계보다는 좀 더 깊이 있게 이해하면서 모르는 내용들을 체크하거나 메모해가면서 공부하는 단계다.

- 세 번째 단계는 기출문제를 푸는 단계다. 기출문제를 풀며 모르는 문제가 나오면 기본서 등을 찾아서 반드시 이해를 하고 넘어가야 한다.

- 네 번째 단계는 요점 정리를 하는 단계다. 기출문제를 풀며 몰랐던 내용이나 반드시 외워야 할 내용 그리고 반복해서 틀리는 문제나 예상문제 등을 노트에 정리해서 외우도록 한다.

- 다섯 번째 단계는 위의 3단계와 4단계를 가능한 한 많이 반복해서 공부하는 단계다. 이 부분이 논술식 2차 시험공부와는 가장 다른 방법이다.

- 국가 자격증 1차 시험공부는 기출문제 풀이 위주로 각 과목의 과락을 면하도록 하고 여러 과목 가운데 수험생이 가장 자신 있는 과목을 집중적으로 공부해서 평균 점수를 올려 합격하는 전략을 짜야한다.

7장

| 연습은 실전같이, 실전은 연습같이 |

　시합을 준비하는 운동선수나 시험공부를 하는 학생이라면 '연습은 실전같이, 실전은 연습같이'란 말은 한 번쯤은 들었을 것이다. 평소에 연습을 할 때는 정신이 느슨해지지 않도록 주의하고 중요한 시합이나 시험에 임하면 긴장하지 말라는 뜻이다. 이 짧은 문장에는 놀라운 과학 법칙이 숨어 있다.

　신경계를 통해 새로운 자극이 뇌에 전달되면, 우리 의식은 새로운 정보를 처리하려고 주의를 일깨운다. 이처럼 자극에 반응해서 주위가 일깨워진 상태를 환기(arousal)라고 한다. 환기는 의식과 주의, 정보 처리를 조절하는 데 중요한 역할을 한다. 환기의 정도가 높으면 그만큼 주의에 집중하는 정도도 높다고 말할 수 있다.

많은 과학자들이 환기를 연구했고, 다양한 이론이 있다. 이들 가운데 환기의 정도와 정보를 처리하는 능력과의 상관관계를 나타낸 것이 요크스-다드슨의 법칙(Yerkes-Dodson Law)이다. 아래 그림은 요크스-다드슨의 법칙을 그래프로 나타낸 것이다. 요크스와 다드슨은 정보 처리 능력이 최대가 되는 최적의 환기 수준이 있다고 주장했다.

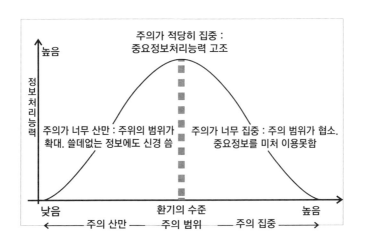

[요크스–다드슨의 법칙]

흔히 집중도가 높으면 정보 처리 능력이 커지고 일도 더 능률적으로 할 것으로 생각한다. 하지만, 위 그래프를 보면 그렇지 않다는 것을 쉽게 알 수 있다.

요크스-다드슨의 법칙을 따르면, 환기 수준이 너무 높거나 너무 낮으면 정보 처리 능력이 떨어진다. 정보 처리 능력은 환기 수준이 적당한 수준일 때 최고가 된다. 환기 수준이 높다는 것은 집중도가 높다는 것이다. 하지만, 집중도가 높다고 무조건 정보처리 능력이 오르는 것이 아님을 알 수 있다.

누구나 책상에 앉았지만 책 내용은 눈에 들어오지 않고, 온갖 소리가 귀에 들어오는 경험이 있을 것이다. 귀도 밝지 않은데, 건넌방에서 나는 TV소리도 들리고 집 밖에서 행인들이 나누는 이야기 소리도 훤히 들린다. 긴장감이 낮은 경우에 주의가 산만해져 쓸데없는 정보에도 신경을 쓰기 때문에 정보 처리 능력이 낮아진 것이다.

중요하지 않은 것은 쉽게 찾지만, 중요한 것을 찾을 때는 몸에 지니고 있거나 눈앞에 있는데도 찾지 못하는 경우가 많다. 등잔 밑이 어두운 셈이다. 무엇인가를 골똘히 생각하며 걸으면 코앞에 있는 것을 놓치거나 못 볼 때가 있다. 그래서 어디에 부딪치기도 하고 돌부리에 걸려 넘어지기도 한다. 모두 높은 긴장감으로 주의가 지나치게 높아져 중요한 정보를 놓치는 경우다.

무엇인가에 현혹되고 욕심이 나서 정신이 팔려 있으면 그것에 주의가 집중되어 다른 중요한 것을 놓치게 된다. 주의가 지나치게 집중된 것도 주의가 산만한 것만큼 집중도를 떨어뜨린다. 옛선인들이 항상 마음을 비우고 평상심을 유지하라고 말한 이유가 여기에 있다. 지혜에는 모두 정확한 근거가 있다.

지금까지 살펴본 주의와 환기에 관련된 이론은 자격증 공부를 하는 데 두 가지 방향을 제시한다.

먼저 평소에 공부를 할 때는 지금 시험을 치루고 있다는 생각으로 적당한 긴장감을 가져야 한다. 긴장이 없으면 책 내용이 머릿속으로 잘 들어오지 않는다. 시간이 지나면 열심히 공부하겠다는 초심(初心)이 느슨해지는 것은 당연하다. 자꾸 해이해지려는 마음을 다잡아야 한다. '반드시 해야 한다.'는 강한 의지가 있으면 긴장과 주의 집중이 더 잘된다.

긴장을 불러올 절박한 이유가 없어도 마인드 컨트롤에 의한 상상의 힘으로 시험 당일에 수험장에 앉아 있는 모습을 그려 보자. 아마 없던 긴장도 생길 것이다. 열심히 공부하고 마지막까지 최선을 다해 답을 쓰고 시험장을 나서는 모습, 합격 소식을 듣고 기뻐하는 모습을 상상해 보자. 반대로 공부를 하지 않아 시험에 떨어지는 모습도 상상해 보자. 정신이 번쩍 들 것이다.

다음으로 시험 일에 시험장에서 지나치게 긴장하지 않을 방안도 마련해야 한다. 시험을 치루기 한 달 전부터는 실제 답안지에 문제를 풀며 공부하는 것이 바람직하다. 정말로 시험장에서 시험을 친다는 생각으로 준비를 하면, 실제로 시험을 볼 때는 긴장감이 낮아져 편안한 마음으로 준비한 내용을 모두 답안지에 적을 수 있게 된다. 시험을 치루는 날이라도 긴장하지 말고 늘 하던 대로 시험 문제에 집중하고 담담히 답안지를 적으면 된다.

🍀 핵심 요점 정리

- 요크스-다드슨의 법칙에 따르면, 환기 수준이 너무 높거나 너무 낮으면 정보 처리 능력이 떨어진다고 한다.

- 평소에 공부를 할 때는 지금 시험을 치르고 있다는 생각으로 적당한 긴장감을 가져야 한다. 자꾸 해이해지려는 마음을 다잡아야 한다. '반드시 해야 한다'는 강한 의지가 있으면 긴장과 주의 집중이 더 잘된다.

- 시험일에 시험장에서 지나치게 긴장하지 않을 방안도 마련해야 한다. 시험을 치르기 한 달 전부터는 실제 답안지에 문제를 풀며 공부하는 것이 바람직하다.

8장

임계치에 도달하기까지

임계치라는 용어를 사전에서 찾으면 '어떤 물리 현상이 다르게 나타나는 경계 값'으로 나온다. 물이 액체 상태를 유지하다가 섭씨 100도가 넘으면 기체로 바뀌는데, 이 섭씨 100도가 임계치다. 임계치는 물리 현상에만 나타나는 것이 아니다. 화학 반응에도 일어나고, 인간관계에도 있다.

주변 사람이 잘못을 하고 미운 짓을 해도 보통은 무슨 사정이 있겠지, 좀 지나면 나아지겠지, 하며 이해를 하고 넘긴다. 하지만, 이런 일을 반복해서 하면 어느 순간부터는 더 이상 이해할 수 없고, 관계를 지속할 수 없다는 생각이 든다.

친구가 되는 과정도 비슷하다. 처음에는 맨송맨송하게 지내다 갑자기 친해지거나 좋아지는 어떤 순간이 온다. 이럴 때 어떤 계기를 통해 좋아졌다고 말한다. 하지만, 지속적으로 만나지 않았다면 계기도 없다. 이 계기가 임계점이다. 그 시점은 사람에 따라 다르다. 물론 처음 본 순간부터 무조건 좋거나 무조건 싫은 경우도 있겠지만.

손익분기점도 하나의 임계치이고 기업 경영도 임계치가 있다. 사업을 시작하면 처음에는 그럭저럭 유지되다가 어떤 임계치를 지나면 성장 속도가 엄청나게 빨라진다. 임계치도 우주에 공통으로 존재하는 여러 자연법칙들 중 하나일지 모른다.

그렇다면 공부에도 임계치의 법칙이 적용되지 않을까? 필자는 분명히 적용된다고 생각한다. 처음에는 아무리 열심히 책을 읽고 외워도 돌아서면 잊어버린다. 분명히 읽었는데 다시 보면 생소하다. 한 장(chapter) 한 장(chapter)은 아는데 내용이 서로 연결되지 않는다. 얼마를 어떻게 해야 하는 지도 알 수가 없다. 가능한 미련할 정도로 많이, 또는 무한 반복으로 계속하다보면 어느 순간, 공부한 내용이 머릿속에서 주마등처럼 지나가는 순간이 찾아온다. 그렇다고 그때부터 공부가 다 된 것이니 방심해도 된다는 뜻은 아니다.

각각의 문제를 익히는 데도 임계치가 있지만, 시험에 합격하기 위한 임계치도 존재한다.

과목에 따라 이 책, 저 책을 읽다 보면, 이 과목을 보면 저 과목 내용이 생각나지 않고, 저 과목을 보면 이 과목 내용이 떠오르지 않는다. 전체적으로 공부한 것들이 따로 놀고 정리가 안 된다. 이러다가 여러 과목의 내용들이 서로 연결되는 순간을 맞는다. 마치 높이 나는 새가 아래를 내려다보듯이 내용들이 연결된 모양이 한눈에 들어온다. 이때는 자그마한 실마리만 던져도 머릿속에서 공부한 내용들이 경쟁하듯이 앞 다투어 떠오른다.

이런 공부의 임계치를 넘기면 시험에 어렴풋이 알거나 모르는 문제가 나와도 당황하지 않는다. 이미 내 것으로 만들어 놓은 여러 지식들을 끌어들여 그 문제에 대해 나름의 생각을 쓰게 된다.

지금은 믿기지 않겠지만 공부를 하다 보면 정말로 그런 순간이 온다. 얼마만큼 공부를 해야 임계치를 통과하는 지는 아무도 모른다. 사람마다 학습 능력이 다르고 학습 정도도 다르기 때문이다.

다른 사람은 10번만 보고도 내용을 모두 파악하고 줄줄이 외우는데 나는 50번을 보고도 모르겠다고 느낄 수도 있다. 실망이 되겠지만, 절망할 필요가 없다. 단지 조금 늦을 뿐이다. 지금 열심히 외우고 있는 것이 헛수고가 아니다. 느끼지 못해서 그렇지 장기기억 속에 차곡차곡 쌓이고 있다.

'읽고 또 읽고, 쓰고 또 쓰고, 듣고 또 듣고'를 반복하면 반드시 임계치를 만난다. 만나는 시점은 사람마다 다르다. 빨리 올 수도 있고 늦게 올 수도 있다. 또 스스로 깨닫지 못할 수도 있다. 어쩌면 임계치에 도달했다는 것을 모르는 것이 더 좋을지도 모른다. 그래야 스스로 부족하다고 여겨 시험 보는 날까지 긴장 을 늦추지 않을 것이다.

시험공부란 결국 자신과 싸우며 눈에 보이지 않게 내공을 쌓는 과정이다. 도를 닦는 것(修道)과 마찬가지다.

🍀 핵심 요점 정리

- 처음에는 책을 열심히 읽고, 외워도 돌아서면 잊어버리고 공부한 내용이 생각이 잘 안 나기도 한다. 그렇더라도 실망하거나 절망하지 말자. 그렇다고 공부가 안 되고 있는 것은 아니기 때문이다.

- 열심히 공부를 하다보면 처음에는 늘지 않는 것 같다가도 마치 높이 나는 새가 아래를 내려다보듯이 내용들이 연결되어 한눈에 들어오고 자그마한 실마리만 던져도 머릿속에서 공부한 내용들이 정리가 되어 떠오를 때가 온다.

- 시험공부란 결국 자신과 싸우며 눈에 보이지 않게 내공을 쌓는 과정이다. 도를 닦는 것(修道)과 마찬가지다.

- 반복학습에 대한 정해진 횟수는 없다. 가능한 미련할 정도로 많이, 또는 무한 반복으로 해야 한다.

9장

| 공부는 절대로 자신을 속이지 않는다 |

세상일이 마음먹은 대로 되면 얼마나 좋겠는가? 하지만, 그렇지 않을 때가 더 많다. 공부도 마찬가지다. 공부를 한다고 항상 좋은 결과가 나오지는 않는다.

하지만, 공부는 다른 세상일보다는 훨씬 정직한 답을 준다. '공부가 제일 쉬웠어요.'라는 책 제목처럼 삶을 유지하고 스스로의 '퀄리티(quality)'를 높이는 수단으로 공부만한 것이 없다. 공부는 빠르고 안전한 지름길 가운데 하나다. 다만 제대로 공부하는 방법을 알아야 한다.

공부는 사람을 차별하지 않는다. 돈이 없어도, 학력이 없어도, 얼굴이 못생겨도, 키가 작아도, 집안이 좋지 않아도 상관없다. 공부로 가는 길은 누구에게나 열려 있고, 노력한 만큼 실력이 향상된다. 물론 좋은 공부법을 알아야 한다. 다른 세상일도 잘하려면 '노하우'가 필요하다. 만약 열심히 공부해도 결과가 좋지 않다면 생활 습관이나 공부 방법을 다시 한 번 점검해야 한다.

공부를 하며 만나는 가장 큰 적은 바로 자신이다. 공부를 열심히 하겠다고 굳은 결심을 해도 어느새 자신을 유혹하는 마음이 생긴다.

놀고 싶거나 게으름을 피우고 싶은 유혹만 있는 것이 아니다. 자신감이라는 유혹도 있다. 공부를 하다 보면 공부를 더 이상 안 해도 모두 알 것 같고 합격할 것 같은 자만심이 생긴다. 주위에서 칭찬을 듣고 스스로도 이대로만 하면 합격할 것 같은 느낌이 드는 순간을 조심해야 한다. 지금까지 힘들게 준비했던 것을 한 순간에 물거품으로 만들 수 있다.

누구나 처음에는 모르는 상태에서 공부를 시작한다. 공부 방법에 큰 차이가 없다면, 합격과 불합격의 차이는 자만하고 더 이상 배우려 하지 않는 사람과 부족하다고 생각하고 시험 보는 날까지 긴장을 늦추지 않고 노력하는 사람과의 차이다. 마인드가 당락(當落)을 결정한다.

자신을 비우지 않으면 절대로 공부를 할 수 없다. 많이 안다고 생각하는 순간 새로운 지식이 머릿속에 들어갈 자리가 없어진다. 합격한 것 같은 자만이 가득해서 공부를 할 필요성을 못 느낀다. 자만은 불합격으로 가는 지름길이다.

공부를 하면서 만나는 문제들을 자신이 정확히 아는 지는 다른 사람은 알 수가 없다. 오직 자신만 안다. 자신에게 솔직하지 않으면 절대로 실력이 늘지 않는다. 모르는 것을 솔직히 인정하고 그 부분을 알고 넘어가려는 자세가 중요하다. 모르면서도 자신을 속이고 얼렁뚱땅 넘어가면, 손해를 보는 사람은 바로 자신이다.

공부를 잘하려면 스스로에게 솔직해야 한다. '아는 것이 무엇이고 모르는 것은 무엇이다'만 알아도 시험공부가 쉬워진다. 모르는 것을 안다고 착각하거나 스스로를 정확히 볼 수 있는 냉철함이 없으면, 실력이 나아지기가 어렵다. 비단 공부 문제뿐만 아니라 자신을 객관적이고 정확하고 냉정하게 보는 냉철함이 필요하다.

국가 자격증 시험은 학창 시절에 치르던 중간고사나 기말고사

와는 차원이 다른 시험이다. 중간고사나 기말고사는 평소에 준비를 게을리 하더라도, 며칠 밤새워 벼락치기로 공부하면 웬만큼 성적이 나왔다. 하지만, 국가 자격증 시험은 중간고사나 기말고사 같은 단거리 경주가 아니다. 국가 자격증 시험은 1년에 한 차례, 많아야 두 차례밖에 없다. 속도를 조절하며 뛰어야 하는 마라톤 경주다. 국가 자격증 시험을 중간고사나 기말고사처럼 준비하면 좋은 결과를 얻기 힘들다.

긴 시간 동안에 이루어지는 자신과의 싸움이므로 컨디션과 리듬을 잘 조절해야 한다. 때로는 시험에 대한 긴장과 스트레스도 적절히 풀어야 한다.

오랜 시간 책상 앞에 앉아 있으면 잊고 지내던 까마득한 과거가 눈앞에 펼쳐질 때가 있다. 타임머신을 타고 과거로 돌아간 것처럼 그때의 감성, 그때의 느낌이 생생하게 전해진다. 성인이 되면서 잊었던 일들, 어린 시절의 행복했던 순간들이 영화처럼 펼쳐진다. 공부를 하다 보면 자신의 내면도 많이 들여다보게 된다.

그런데 과거의 기억이 모두 즐겁고 행복한 것만은 아니다. 억울하게 부당한 대우를 받았던 기억, 믿었던 사람에게 배신을 당한 기억, 누군가에게 받았던 상처 등. 잊고 있던 부정적인 것들이 의식의 수면 위로 스멀스멀 떠올라 자신도 모르게 분노가 치미는 상황을 만나게 된다. 이런 상황을 잘 넘겨야 한다.

불교에서 참선을 할 때도 이와 같은 상황을 맞는다고 한다. 살아오며 여러 가지 이유로 꾹꾹 눌러 두었던 분노들, 분노를 유발한 상황이나 대상들이 떠오르면 화가 치밀어 올라 수련을 할 수 없는 순간이 온다고 한다. 그 시기를 잘 넘기지 않으면 더 이상 정진할 수 없다고 한다.

내면에 있던 분노가 떠오르는 상황에 놓이면, 아무리 누르고 외면해도 공부에 집중할 수 없다. 그런 감정을 외면하면 할수록 오히려 그 분노가 더욱 자신을 집어삼키려 든다. 이때는 무조건 공부를 일단 중단하라고 필자는 조언하고 싶다. 책상 앞에 앉아 있으면 있을수록 손해다. 마음속에 있는 문제나 분노를 해결한 다음에 책상으로 돌아와야 한다.

잠시 여행을 다녀오든지, 과격한 운동을 해서 스트레스를 풀든지, 마음속 감정을 글로 정리하든지 등. 나름대로의 방식으로 마음속 문제나 분노를 정리하고 돌아와야 한다. 그렇지 않으면 더 이상 공부를 진전할 수 없다.

책 속에서 진리를 만나고 그 진리를 순수하게 받아들이려면 마음이 비어 있어야 한다. 모두 내려놓고 온전히 텅 빈 상태여만 새로운 것을 받아들일 수 있다. 마음에 자만과 분노와 미움이 채워지면 공부를 할 수 없다. 그래서 공부는 단순히 지식을 머릿속에 넣는 작업이 아니다. 자신과의 싸움을 통해 내공을 쌓아가는 과정이다.

🍀 핵심 요점 정리

- 공부는 다른 어떤 세상일 보다는 훨씬 정직한 답을 준다. 노력한 만큼 보상을 받는다. 그리고 공부는 사람을 차별하지 않는다. 돈이 없어도, 학력이 없어도, 얼굴이 못생겨도, 키가 작아도, 집안이 좋지 않아도 상관없다. 공부로 가는 길은 누구에게나 열려 있다.

- 공부를 잘하려면 스스로에게 솔직해야 한다. '아는 것이 무엇이고 모르는 것은 무엇이다'만 알아도 시험공부가 쉬워진다. 자신을 객관적이고 정확하고 냉정하게 보는 냉철함이 필요하다.

- 공부를 하며 만나는 가장 큰 적은 바로 자신이다. 공부를 열심히 하겠다고 굳은 결심을 해도 어느새 자신을 유혹하는 마음이 생긴다.

- 공부 방법에 큰 차이가 없다면, 합격과 불합격의 차이는 자만하고 더 이상 배우려 하지 않는 사람과 부족하다고 생각하고 시험 보는 날까지 긴장을 늦추지 않고 노력하는 사람과의 차이이기 쉽다.

- 국가 자격증 시험은 1년에 한 차례, 많아야 두 차례밖에 없는 속도를 조절하며 뛰어야 하는 마라톤 경주다. 긴 시간 동안에 이루어지는 자신과의 싸움이므로 컨디션과 리듬을 잘 조절해야 한다.

10장

│ 시험이 끝날 때까지 자만은 금물 │

지금까지 필자는 공부법의 '노하우'를 전했다. 열심히 익혔을 것으로 믿는다. 이번 장에서는 공부법보다 수험생이 지켜야 할 원칙을 이야기한다.

"시험이 끝날 때까지 자만해서는 안 된다."라는 말은 앞에서도 여러 차례 언급했다. 공부법이 중요하지 '자만하면 안 된다'는 것을 모르는 사람이 어디 있는가? 이렇게 생각하는 사람들도 있을 것이다. 하지만, 아는 것과 실천하는 것은 다른 문제다. 누구나 아는 이 사실을 잊어버리고 자만에 빠져 시험을 망치는 사람이 많다.

필자는 시험이 한참 남았는데도 이미 시험에 합격한 것처럼 행동하는 사람을 많이 보았다.

그런 자신감의 근거가 충분한지 아닌지는 중요하지 않다. '이 정도 공부하면 되겠지'라는 생각이 스멀스멀 드는 순간, 그때가 바로 불합격으로 가는 지름길이다.

'이 정도면 되겠지'라는 생각이 자신만의 생각일 수도 있고, 주위 사람이 심어 준 생각일 수도 있다. '와! 아무개는 정말 모르는 게 없네요!' '정말 합격할 것 같은데요!' 이런 칭찬을 들었다고 절대로 우쭐해서는 안 된다. 사람은 자신이 바라는 바를 이룰 것이라고 말하는 사람을 믿고 싶어 하는 경향이 있다. "인간은 있는 것을 보는 게 아니라 보고 싶은 것을 본다."는 말은 행동과학의 유명한 명제다. 칭찬하는 사람이 국가 자격증 시험에 이미 합격한 선배이거나 시험 경험이 풍부한 사람이라면, 그 말을 단박에 믿어 버린다. 하지만, 시험 결과가 발표될 때까지는 누구도 당락(當落)을 알지 못한다.

자만과 자신감은 다르다. 자만은 근거가 없는 것이고 자신감은 근거가 있는 것이다. 또 자만은 부정적인 효과만 있지만 자신감은 긍정적인 효과도 있다. 하지만, 그 자신감이란 것도 시험 결과가 나오기 전까지는 근거가 충분하지 않다.

대부분의 국가 자격증 시험은 절대평가다. 일정 점수 이상을 얻으면 합격이다. 합격생이 몇 명인지는 상관이 없다. 하지만, 정책적으로 인원을 많이 뽑거나 적게 뽑아야 하는 상황도 있을 수 있다. 그때는 절대평가만 적용되는 것이 아니라 일정 부분 상대평가가 적용된다는 사실도 알아야 한다.

또 논술식 2차 시험은 시험 문제가 어렵게 나오면 채점자가 어떤 기준으로 채점하느냐에 따라 평균 점수가 올라갈 수도 있고 내려갈 수도 있다. 따라서 시험 보는 날까지 긴장을 늦추지 말고 아직도 부족하다고 여기고 반복 학습을 계속해야 한다.

공부는 자기 안에 새로운 지식과 학문을 쌓는 것이다. 자만이 잔뜩 들어 있으면 새로운 지식이나 학문이 들어오고 싶어도 들어올 자리가 없다. 알지 못함을 자각하고 자신을 스스로 낮추고 비워야만 부족한 부분이 채워지고 발전이 있다. 진짜로 공부를 열심히 하는 사람들은 공부를 하면 할수록 모르는 게 많아진다고 말한다.

특히 학원 같은 곳에서 친구들과 함께 공부하면서 친구나 강사에게 칭찬을 받을 때를 조심해야 한다. 친구들보다 조금 잘한다고 우쭐하거나, 강사가 칭찬을 한다고 시험에도 합격할 것으로 생각하면 안 된다. 남들의 평가가 합격을 보장하지 않는다. 오히려 경쟁자들은 눈앞에서는 상대방에게 잘한다고 잔뜩 바람을 집어넣고 자신은 집에 돌아와 몇 배로 공부를 할지 모른다.

주위에서 못한다는 평가를 받았던 사람은 자신의 부족함에 자극을 받아 몇 배 더 기를 쓰고 공부를 할지 모른다. 전화위복(轉禍爲福)인 셈이다. 칭찬이 오히려 자신에게 독이 된다는 사실을 잊지 말자.

🍀 핵심 요점 정리

- 대부분의 국가 자격증 시험은 절대평가로 일정 점수 이상을 얻으면 합격이지만 정책적으로 인원을 조정해야 하는 상황도 있을 수 있으므로 절대평가만 적용되는 것이 아니라 일정 부분 상대평가가 적용된다는 사실도 알아야 한다.

- 논술식 2차 시험은 시험 문제가 어렵게 나오면 채점자가 어떤 기준으로 채점하느냐에 따라 평균 점수가 올라갈 수도 있고 내려갈 수도 있다. 시험 보는 날까지 긴장을 늦추지 말고 아직도 부족하다고 여기고 반복 학습을 계속해야 한다.

- 공부는 자기 안에 새로운 지식과 학문을 쌓아 가는 것이므로 스스로를 낮추고 비워야지만 부족한 부분이 채워지고 발전이 있는 것이다.

- 이 정도 공부 하면 됐겠지 하고 자만하는 순간이 시험 낙방으로 가는 지름길임을 알아야 한다. 가능한 미련할 정도로 많이, 또는 무한 반복으로 시험 당일까지 긴장을 늦추지 말자.

Ⅳ

시험을 잘 치는 방법

1장

| 질문의 핵심 파악하기 |

시험장에서 문제지를 받으면 문제를 읽고 출제자가 무엇을 물어보는지 정확하게 파악해야 한다. 이것은 아는 지식을 글로 표현하는 것만큼 중요하다. 자신이 아는 것을 위주로 답안을 작성하는 것이 아니라 출제자가 물어보는 것을 위주로 답을 써야 한다. 내용을 정확하고 논리적으로 써서 상대방에게 전달하는 것도 어려운 일이지만, 질문을 읽고 출제자의 의도를 정확하게 파악하는 일도 쉽지 않다.

질문도 여러 가지 형태다. 질문이 짧아도 짧은 답을 요구하는 질문이 있고 긴 답을 요구하는 질문이 있다. 또 질문이 너무 길어서 출제자가 무엇을 묻는지 출제 의도를 정확하게 파악하기 어려운 경우도 있다.

논술식 시험의 질문은 보통 '무엇에 대해 논하라'나 '무엇에 대해 서술하라' 또는 '무엇을 설명하라'와 같은 형태다. '무엇에 대해 논하라'라는 질문이 나왔다고 연역법이나 귀납법을 이용해 추론하거나 증명하라는 뜻은 아니다. 수험생이 어떤 내용을 얼마만큼 아는지 묻는 질문이다. 서론, 본론, 결론의 형식으로 논리적이고 조리 있게 자신의 생각을 쓰면 된다. 구체적인 논술식 답 쓰기 요령은 뒷장에 소개하였다.

출제자가 묻는 것을 잘못 이해해서 엉뚱한 답을 쓰면 그 책임은 자신에게 있다. 따라서 질문을 정확하게 이해하는 것이 중요하다. 처음 공부를 할 때는 질문 내용을 이해하는 데도 많은 시간이 필요하다. 해당 분야 지식을 충분히 쌓으면 아무리 말이 어려워도 출제자가 묻는 의도를 훨씬 쉽게 파악할 수 있다.

국어 실력이 부족해 문제의 문장을 이해하지 못하고 출제자의 의도를 파악하지 못하는 경우도 있다. 이런 경우라도 기억 속에 저장된 정보가 많으면 출제자가 물어보는 의중(意中)을 파악하기가 쉬워진다.

출제자의 의도를 파악했으면 자신의 생각을 문장으로 표현해야 한다. 평소에 많은 책을 읽었거나 글쓰기를 좋아했던 사람이라면 문장을 읽고 표현하는 데 훨씬 유리하다. 습작이라도 블로그나 홈페이지에 글을 올려 왔다면 크게 도움이 된다.

논술식 2차 시험 문제의 질문에는 '무엇에 대해 약술하라'라는 짧은 답을 원하는 문제와 '무엇에 대해 논하라'는 긴 답을 원하는 문제가 있다. 어떤 문제라도 출제자의 의도를 잘 파악 하는 것이 중요하다. 이전 시험에 나왔던 기출문제를 많이 풀어보면 출제자의 의도를 파악하는 데 도움이 된다. 기출문제 정답과 자신이 생각하는 답을 비교하고, 문제를 다르게 해석하는 동료들의 의견도 들어야 한다.

보통 국가 자격증 시험은 문제를 외부로 유출할 수 없다. 흔히 보는 기출문제들은 시험을 치른 수험생들이 기억을 조합해서 완성한 문제들이다. 따라서 정확한 시험문제가 아니다. 비슷한 질문이라도 내용이 조금만 달라지면 답은 천지차이(天地差異)로 달라진다. 많은 문제를 접하고, 문제를 혼자서 해석할 게 아니라 그룹스터디를 통해 토론하고 분석하며 공부하는 것이 좋은 방법이다.

그룹스터디를 통해 여러 친구들과 함께 공부하면 좋은 점이 많다. 공부에 대한 지식과 시험에 대한 여러 정보를 얻을 수 있다. 공부하는 것이 힘들고 지칠 때마다 서로가 열심히 공부하는 모습을 보고 자극을 받을 수도 있다. 또 기출문제에 보고 출제자의 의도를 해석할 때도 여러 가지 시각을 접할 수 있어서 생각의 차원을 높이는 데도 도움이 된다.

문제를 읽고 출제자가 묻는 의도를 잘 파악하려면, 무엇보다 수험생이 해당 분야에 대한 지식을 많이 가지고 있어야 한다. 이 점을 절대로 잊지 말자.

🍀 핵심 요점 정리

- 내용을 정확하고 논리적으로 써서 상대방에게 전달하는 것도 중요한 일이지만, 질문을 읽고 출제자의 의도를 정확하게 파악하는 일도 중요하다. 그 이유는 자신이 아는 것을 위주로 답안을 작성하는 것이 아니라 출제자가 원하는 것 위주로 답을 써야 하기 때문이다.

- 논술식 시험의 질문은 보통 '무엇에 대해 논하라'나 '무엇에 대해 서술하라' 또는 '무엇을 설명하라'와 같은 질문의 형태를 띤다.

- 그룹스터디를 하면 공부에 대한 지식과 시험에 대한 여러 정보를 얻을 수 있어 좋고 공부하는 것이 힘들고 지칠 때마다 함께 공부하는 동료들의 열심히 공부하는 모습을 보고 자극을 받을 수도 있어서 좋다.

- 문제를 읽고 출제자가 묻는 의도를 잘 파악하려면, 무엇보다 수험생이 해당 분야에 대한 지식을 많이 가지고 있어야 한다.

2장

논술식 시험 답 쓰기 요령

논술 시험이나 주관식 필기시험에 나오는 문제는 대체로 세 가지 유형이다. '무엇에 대하여 서술하라' '무엇을 설명하라' '무엇에 대해서 논하라'라는 식의 보통 서술하라거나 설명하라는 문제가 가장 많이 나온다. 이런 문제는 해당 전문 분야를 얼마나 많이 아는지 확인하려고 내는 문제다. 공부한 내용을 조리 있고 설득력 있게 정리해서 쓰면 된다.

논술식 시험에서는 대체로 서론, 본론, 결론의 구성으로 답안지를 작성한다. 이 서론, 본론, 결론 안에 자신이 말하려는 내용을 얼마나 함축적으로 요약하고, 충실하고, 논리적으로 표현하느냐가 논술식 시험 답안지 작성의 관건이다.

먼저 질문이 뜻하는 바를 정확하게 파악해야 한다. 출제자의 질문 의도를 파악하면 그 다음에는 머릿속으로 어떻게 답을 풀어 갈지 구도(構圖)를 잡아야 한다. 빠른 시간에 좋은 답안 구도를 만들려면 문제를 읽으며 떠오르는 키워드들을 바로바로 문제지에 메모하면서 답안지를 어떻게 작성할지 구상해야 한다.

문제지를 받으면 먼저 어떤 문제들이 출제되었는지 훑어보아야 한다. 보통 한 시험에서 같은 답을 요구하는 문제가 반복해서 나오지는 않는다. 문제들을 훑어보면서 각각의 문제를 어디에 초점을 맞춰 답을 쓸지 구상해야 한다. 이 작업을 하지 않으면, 여러 문제의 답이 서로 유사하거나 이미 쓴 답이 아직 풀지 않은 다른 문제에 더 적합해서 당황스런 상황을 맞을 수도 있다.

문제지를 훑어보았으면 한 문제씩 집중해서 읽으며 준비한 연필로 문제지(국가 자격증 시험은 문제지와 답안지가 따로 있다.)에 중요 키워드들을 메모하며 어떤 내용을 중점적으로 다루고 어떻게 답을 풀어갈지 전체적인 뼈대와 아웃라인(outline)에 대한 구상을 동시에 해야 한다.

전체적인 구상을 마치면 문제 난이도에 따라 쉬운 문제, 조금 어려운 문제, 어려운 문제로 나누고, 답의 분량을 염두에 두며 각각의 문제마다 적당한 시간을 배분해야 한다.

그 다음에는 가장 쉽고 자신이 있는 문제부터 답을 적는다. 답을 적기 시작하면 해당 문제에 대한 답을 모두 작성할 때까지 흐름을 끊지 말고 거침없이 써야 한다. 그렇게 하려면 서론을 어떻게 시작해서, 본론에서는 어느 부분을 중점적으로 설명하고, 어떻게 결론을 맺을지에 대한 구상은 답을 쓰기 전에 마쳐야 한다.

서론은 도입 부분이다. 이곳에서는 주제의 문제점을 제시하며 앞으로 주장할 내용을 조금 드러내면 된다. 본론에서 어떤 내용을 중점적으로 다룰지 간략히 언급하는 것이다. 읽는 사람의 관심을 끄는 내용이 들어있으면 더 좋다.

만약 서론에서 쓸 말이 없으면, 곧바로 본론으로 들어가지 말고 '~에 대해 설명하겠다'또는 '~에 대해 설명하면 다음과 같다'처럼 질문에 있는 내용을 한 번 더 언급하라. 출제자에게 앞으로 쓸 내용을 편하게 안내하는 식으로 이야기의 물꼬를 틔워주면 된다.

답안지에 답을 쓰는 것은 출제자가 물어본 질문에 답을 하는 것이다. 출제자와 수험생이 대화를 나누는 일종의 소통이다. 따라서 친절한 안내가 있으면 출제자는 수험생의 말에 귀를 더 기울인다.

짧은 약술(略述)에는 굳이 서론이 필요하지 않다. 하지만, 장문의 답을 쓸 때는 마땅히 쓸 것이 없더라도 앞에 운을 띄우는 게 좋다. 만약 서론에 쓸 재료가 조금이라도 있으면 당연히 써야 한다.

본론은 여러 근거를 토대로 자신의 주장을 마음껏 펼치는 부분이다. 하고 싶은 이야기를 정확한 논점에서 논리적으로 서술해야 한다. 논리적이라는 말은 상식적이고 이치에 맞게 이야기를 하는 것이다. 정확한 논점이란 출제자가 답의 핵심을 잘 이해하도록 정확한 뜻을 전달하는 것이다. 애매모호한 단어를 사용하거나 같은 말을 반복하면 논점이 흐려진다.

글을 쓸 때 흔히 저지르는 실수는 필요 없는 단어를 넣거나 중복된 표현을 더해서 문장에 군더더기를 만드는 것이다. 짧은 단어에 함축적으로 모든 뜻이 들어가면, 특별히 내용을 추가할 필요가 없다. 글쓰기에 익숙하지 않은 사람들은 왠지 그것만으로 부족할 것 같아서 중복되는 말을 덧붙이는 경향이 있다. 그러면 오히려 내용의 전달력이 떨어진다.

답안의 분량이 정해진 경우는 분량을 염두에 두며 답안지를 작성해야 한다. 쓰는 양이 늘면 당연히 쓰는 시간도 길어진다. 시험 시간을 고려해서 답안의 양을 조절해야 한다.

　아무리 길게 답을 적어도 출제자가 묻고자 하는 핵심 내용이 들어 있지 않으면 좋은 점수를 받기가 어렵다. 반대로 짧은 답안이라도 출제자가 의도한 답을 정확하게 함축적으로 포함하고 있으면 좋은 점수를 받는다.

　시간 배분을 잘해서 충분한 답을 써야 한다. 다급하게 답안지를 작성하면 좋은 답이 나오지 않는다. 문제마다 알맞게 시간을 배분하고, 쉬운 문제부터 답을 적고, 어렵고 까다로운 문제는 나중에 푸는 것이 현명하다. 답의 종결 어미는 '~입니다'가 아니라 '~이다'라고 써야 옳다. 시간이 여유롭다면 더 많은 비유와 설명을 해도 좋다.

　시간 배분을 미리 해놓지 않으면 나중에 아는 문제가 나와도 시간이 부족해서 답을 적지 못하게 된다. 시험을 치를 때 가장 억울한 일은 1년 동안 열심히 공부하고 아는 문제가 나왔는데도 시간이 없어 답안지를 제대로 작성하지 못하는 상황이다.

　미처 공부하지 않은 곳에서 문제가 나왔거나, 답을 정확히 알지 못해도 아는 범위에서 최선을 다해 모든 문제에 빠짐없이 답을 달았다면 나중에 불합격을 해도 덜 억울하다. 마지막까지 최선을 다했기 때문이다. 하지만, 아는 문제가 나왔는데도 시간 배분을 잘못해서 답안지를 빈칸으로 남기거나 엉성한 답을 쓰고 나왔다면 두고두고 후회가 된다. 아마 밤에 잠도 안 올 것이다. 시간 배분을 잘해야 한다.

결론은 본론에서 했던 주장을 통합하고 마무리해서 요약하는 부분이다. 의견을 다시 한 번 강조하는 것이다. 문제에 따라 결론이 필요한 문제와 그렇지 않은 문제가 있다. 논술형 시험이라도 "무엇인가를 설명하라." 또는 "요약하라."는 문제는 굳이 결론이 필요하지 않을 수도 있다. 설명 자체가 출제자가 요구한 답이다.

하지만, 어떤 사회적 경향(trend)이나 시사점에 대해 "수험생의 생각이나 주장을 논하라."식의 문제는 마지막에 어떤 결론의 맺어 자신의 생각을 일목요연하게 정리하는 것이 필요하다. 이런 문제가 아니라면 서론과 본론으로 충분히 답이 되는 문제도 많다. 결론이 없는 것에 그리 당황하지 말라.

논술식 글쓰기를 배울 곳이 마땅치 않다. 자격증 관련 학원에서도 상식적인 선에서 정보를 주지만 구체적인 글쓰기 방법을 가르치지는 않는다. 독학을 해야 하는 경우가 많다.

따라서 글쓰기에 자신이 없는 사람은 논술식 글쓰기에 관련된 책을 사서 도움을 받는 것도 좋은 방법이다. 하지만, 필자가 설명한 내용만 충분히 이해해도 답안을 작성하기에 별 어려움이 없을 것이다.

시험장에서는 잘 모르는 문제가 나와도 당황하지 말고 출제 문장을 잘 해석해서 출제자의 의도를 파악하는 것이 중요하다. 또 아는 것을 모두 총동원해서 조리 있게 표현한다면 의외로 좋은 점수를 받을 수도 있다.

논술식 2차 시험에서 좋은 성적을 받으려면 국어 실력도 중요하다. 평소에 시험 준비를 할 때 요점 정리로 공부하는 것도 필요하지만 문장을 통째로 읽고 이해해서 문장력을 기르는 것도 중요하다.

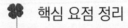 핵심 요점 정리

- 논술식 시험에서는 대체로 서론, 본론, 결론의 구성으로 답안지를 작성하는데 서론, 본론, 결론 안에 자신이 말하려는 내용을 얼마나 함축적으로 조리 있고, 충실하고, 논리적으로 표현하느냐가 논술식 시험 답안지 작성의 관건이다.

- 문제지를 받으면 본격적으로 문제를 풀기 전에 어떤 문제들이 출제되었는지 처음부터 끝까지 훑어보고 답을 어떻게 풀어갈지, 시간은 어떻게 배분할 지에 대한 구상을 해야 한다.

- 서론은 도입 부분이므로 이곳에서는 주제의 문제점을 제시하며 앞으로 주장할 내용을 조금 드러내고 본론에서 어떤 내용을 중점적으로 다룰지 간략히 언급한다.

- 본론은 여러 근거를 토대로 자신의 주장을 마음껏 펼치는 부분이므로 하고 싶은 이야기를 정확한 논점에서 논리적으로 서술해야하며 답안의 분량을 염두에 두고 답안지를 작성해서 시간배분에 신경을 써야 한다.

- 아무리 길게 답을 적어도 출제자가 묻고자 하는 핵심 내용이 들어 있지 않으면 좋은 점수를 받기가 어렵고 짧은 답안이라도 출제자가 의도한 답을 정확하게 함축적으로 포함하고 있으면 좋은 점수를 받게 되므로 출제자의 정확한 의도를 파악해서 그 내용을 작성하는 것이 가장 중요하다.

3장

| 답안지 작성요령 |

　　국가 자격증 1차 시험은 객관식으로 아는 답을 컴퓨터용 검정사인펜으로 답안지에 색칠하면 된다. 하지만, 국가 자격증 2차 시험은 주관식이라서 수험생이 직접 답안을 적어야 한다.

　　자격증 종류마다 답안지 양식이 조금씩 다르지만, 논술식 2차 시험 또는 주관식 필기시험은 보통 다음과 같은 기본적인 답안작성 요령들이 있다. 따라서 시험을 치기 전에 아래 사항을 반드시 숙지해서 시험 당일에 당황하는 일이 없도록 하자.

1. 시험의 답안지는 보통 흑색 또는 청색 필기도구로 작성하게 되어 있다. 일반적으로는 흑색을 많이 쓴다. 펜 두께는 따로 정해져 있지 않지만, 사용하는 사람도 편하고 읽는 사람도 읽기 쉽도록 조금 두꺼운 펜을 많이 쓴다. 보통 0.7mm나 1mm 정도가 적당하다. 만약을 대비해서 2~3자루를 준비한다.

2. 휴대폰은 사용할 수 없으니 반드시 손목시계를 따로 준비한다.

3. 계산 문제가 나올 수도 있으니 전자계산기도 준비한다.

4. 문제를 풀 때는 먼저 전체 문제를 처음부터 끝까지 집중해서 읽으면서 생각나는 중요 키워드들을 문제지에 메모한다. 다음은 어떻게 답을 작성할 것인지 전체적인 뼈대와 아웃라인을 잡는다. 다음은 쉬운 문제와 어려운 문제를 염두에 두며 문제마다 알맞은 시간을 배정한다.

5. 답을 적다가 틀린 경우에는 틀린 문장 위에 두 줄을 긋고 다시 쓴다. 이때를 대비해서 작은 자를 준비하면 좋다.

6. 보통 답안지 작성은 논술인 경우에는 1장~1장 반(2쪽~3쪽), 약술인 경우는 1쪽 정도를 쓰거나 그 이상을 쓴다. 실제로 더 많이 쓰고 싶어도 시간이 부족해서 못 쓰는 경우가 많다. 따라서 답안은 질문에 충분히 답할 수 있는 함축적인 문장이면 된다. 만약 시간이 충분하다면 보충 설명을 해도 좋다.

7. 답안을 작성할 때는 처음 한 줄을 띄우고 두 번째 줄에서 시작하며 양쪽에 5mm~10mm정도 여백을 두는 것이 좋다. 글자는 한 칸에서 2/3정도를 차지하는 크기로 작성한다.

8. 답을 쓰기 전에 번호와 문제도 함께 적는다. 문제가 너무긴 경우에는 문제 내용을 간략하게 적어서 해당 문제에 대한 답이라는 것을 표시한다.

9. 답안을 시작할 때는 들여쓰기로 한 칸을 띄운다. 답안 작성을 마칠 때는 세 칸을 띄우고 '끝'이라고 적는다. 또 아래로 두줄을 띄우고 새로운 문제를 푼다.

10. 답을 적을 때는 읽기 쉽게 문단별로 나누어 한 칸씩 띄운다. 한 문단이 너무 긴 경우는 3~5줄을 쓰고 한 칸을 띄운다. 이렇게 하라는 규칙은 없지만 채점자가 쉽게 읽도록 하기 위해서다. 마지막 답을 쓰고 세 칸 정도를 띄우고 '끝'이라고 쓴다. 또 아래로 한

줄을 띄우고 '이하여백'라고 적는다.

답안지 작성요령: 경영지도사 2차 시험 예)

문제 약술3] 장기/단기 기억에 대해 설명하오.
답) 인간의 기억구조는 감각등록기와 단기기억 그리고 장기기억으로 구분되어
있는데 감각등록기에 등록된 감각은 단기기억으로 옮겨져서 여러 정보처리를
하게 되며 단기기억에서 장기기억으로 가기 위해서는 리허설과 부호화가 필요하다.
장기기억으로 가지 못하고 남아있던 단기기억은 곧 소멸하게 되는데......
....
중략
....
또한 이 장기기억은 .... 이다.
-끝-
-이하여백-

필자의 수험 스토리

필자가 공부를 해야겠다고 결심했던 그 시점을 지금 돌이켜 보면 그때 당시의 필자는 나름대로 열심히 살았다고 생각을 하고 있었지만 막상 이뤄놓은 것도, 미래에 대한 뚜렷한 계획도 가지고 있지 않았고 여전히 혼자였다.

게다가 오랫동안 병원에 계셨던 아버지에게 필자는 더 이상 기대를 두었던, 자랑스럽고 사랑스러운 딸이 아니었다. 늘 실망만 안겨 주고 걱정만 끼친 못난 딸이었다. 어렸을 때는 아버지의 기쁨이고 자랑이었는데 언제가 부터 그렇지 못했다. 아버지는 필자가 다닌 초등학교에 6년 동안 육성 회장을 할 만큼 3남1녀의 외동딸이었던 필자를 예뻐하셨다.

점점 쇠약해지는 아버지 그리고 늘 실망만 안겨 준 죄송스런 필자. 무엇보다 어느 날 문득 스스로를 돌아보았을 때 필자가 아무 것도 아닌 존재라는 사실을 견딜 수가 없었다. 다른 사람들의 생각은 중요하지 않았다. 필자 스스로 못나고 바보 같고 한심하게 느껴져서 견딜 수가 없었다.

그래서 무엇인가를 통해 스스로를 증명하고 싶었다. 스스로를 증명하는 방법으로 공부를 선택했다. 학창 시절을 더듬어 보면 공부를 해야 한다는 동기부여가 안됐을 뿐이지 공부를 싫어하거나 머리가 나쁜 것이 아니었다. 또 마음먹기가 어려워서 그렇지 한 번 결심하면 끝까지 하는 습성이 있었다. 다만 잠시 잊고 있을 뿐이었다.

필자는 스스로를 증명할 방편(方便)으로 국가 자격증 공부를 하기로 결정하고, 여러 정보들을 알아보기 시작했다. 주위에는 자문을 구할 곳이 없어서 주로 인터넷 검색을 통해 알아보았다. 필자가 준비하는 경영지도사 시험은 전문 학원에 등록하기에는 아직 시기가 일렀다.

그래서 틈을 이용해 다른 시험공부를 하기로 마음먹었다. 필자가 도전하려는 시험에 대한 일종의 연습이었다. 공부를 제대로 해 본 지도 오래되었다. 당시에는 시험을 치른다는 것 자체가 두려움이었다. 따라서 마음먹은 자격증 시험에 도전하기 전에 경험을 쌓고 싶었다.

고령화 시대를 대비하고, 나중에 여력이 되면 봉사 활동을 할 수 있을 것 같아서 그리고 오랫동안 아픈 아버지의 마음을 더 잘 이해하기 위해서 '노인심리상담사'라는 민간 자격증 공부를 시작했다. 그 공부를 통해 시험장에서 시험을 치르는 경험과 합격했을 때의 기쁨을 체험했다.

때가 되어 정식으로 경영지도사 학원에 등록을 하고 수강하기 시작했다. 요즘에는 온라인 교육 사이트가 많이 있다. 하지만, 필자의 경험에 의하면 오랫동안 시험을 준비해야 하는 자격증 관련 공부는 오프라인 수업을 듣는 것이 여러모로 유리하다.

국가 자격증 공부는 단거리 경주가 아니라 마라톤 경주다. 단순한 지식 습득이나 정보 공유를 뛰어넘은 무언가가 필요하다. 오랫동안 힘든 공부를 해서 생기는 정신적인 피로감이나 나태해짐을 극복해야 한다. 동료들과 함께 공부하면 서로에게 자극이 되고 동기부여가 된다.

필자는 한 가지 일에 집중하면 다른 일들에는 몰두하지 못하는 경향이 있다. 따라서 내가 하려는 공부에 더욱 집중하기 위해 하던 일을 접고 공부만 집중하기로 마음먹었다. 공부는 주로 집에 틀어 박혀서 했고 가끔씩 도서관에 갔다. 처음에는 파트타임 잡(part-time job)이라도 구해 생활비라도 벌면서 공부를 하려고 했다. 그랬더니 시간만 뺏기고 공부에 집중하기가 더 어려워졌다.

다른 외부 활동도 모두 차단했다. 고시생이 절에 들어가 공부만

하듯이. 필자가 그렇게 한 데는 이유가 있었다. 1년 안에 2차 시험까지 모두 합격하기로 마음먹었기 때문이다. 게다가 경영지도사 공부는 아직 이론적으로 접해 보지 못한 생소한 것이었다.

또 공부할 내용도 많아 남들처럼 할 것 다하고 여유롭게 공부하기에는 벅찬 양이었다.

시험에 대한 아무런 정보가 없어 처음에는 비교적 가격이 저렴한 온라인 학원에 등록했다. 온라인으로 공부를 하다 보니 여러 가지로 어려운 점이 많았다. 다시 오프라인에서 강의를 하는 학원에 등록하고 함께 공부하는 동료들과 시험 정보를 주고받으며 공부에만 몰입하게 되었다.

대부분의 국가 자격증 시험은 일 년에 한 차례만 있는 경우가 많다. 따라서 몇 달을 두고 어떻게 공부할지 장기 계획을 세워야 한다. 벼락치기로 공부하듯 며칠 밤을 새우며 준비해서 치를 수 있는 시험이 아니다. 더구나 논술식 2차 시험은 해당 분야 지식을 단순히 암기만 해서는 합격하기가 어렵다. 해당 분야 지식을 장기 기억 속에 내재화시켜 나름대로 정리를 해 놓아야 시험장에서 논리정연하게 답안지를 작성할 수 있다.

그뿐만 아니라 관련 지식도 함께 쌓아야 한다. 논술식 2차 시험에는 시험 범위나 수험 교재라는 것이 없다. 어디서 어떻게 시험 문제가 나올지 모른다. 수험생은 될 수 있는 대로 많은 관련서적을 보아야 한다. 또 외우기만 해서는 안 되고, 읽고 또 읽어서 문장을 통해 전체적인 이론을 내 것으로 만들어야 한다.

공부를 시작하며 제일 먼저 한 일은 장기 계획을 짜는 것이었다. 달력을 가져다 놓고 동그라미로 표시를 하고 메모를 하며 달마다 계획을 세웠다. 객관식 1차 양성과정 시험을 준비하면서도 논술식 2차 시험에 대한 계획을 함께 마련해서, 1차 시험 공부와 2차 시험 공부를 함께 했다. 달력에 이 달에는 이 책을 읽고 저 달에는 저 책을 읽는 식으로 월별 계획을 세웠고, 다음으로 주별, 일별로 세부 계획을 마련했다.

세부 계획을 세우면 나태해지는 것을 방지할 수 있다. 이번 주에는 몇 장까지, 오늘은 몇 페이지까지, 내일은 몇 페이지까지 하는 식으로 자세하게 시간표를 마련하면 잠시도 딴 짓을 할 수가 없다.

공부를 처음 시작할 때는 나름대로 열심히 읽고 페이지를 넘겨도 앞 페이지에서 무엇을 공부했는지 가물가물했다. 또 집중하려고 아무리 애를 써도 한 페이지를 넘기기가 쉽지 않았다. 해당분야에 기초 지식이 없고 공부를 그만둔 지 오래되어 더욱 그랬다.

아무리 한 페이지를 넘기기가 힘들고, 읽어도 무슨 내용인지 잘 모르겠고, 돌아서면 잊어버려도 그냥 반복해서 책을 볼 수밖에 없었다. 그 당시 필자는 어떤 공부법이 효과가 있는지 몰랐다. 오랫동안 공부하고는 담을 쌓고 지냈고, 경험 삼아 민간 자격증 시험 공부를 한 것이 전부였다.

지금 공부가 되고 있는지 아무런 확신도 없이 무턱대고 밥 먹고 잠자는 시간을 빼고는 공부에만 몰두했다. 수험생마다 계획이 다르겠지만, 필자는 1차 시험과 2차 시험을 모두 일 년 안에 끝마칠 욕심으로 다른 일을 모두 접고 공부에만 몰두했다. 따라서 필자는 다른 수험생보다 공부할 수 있는 시간이 많았다. 공부 양으로 부족한 부분을 채웠다.

국가 자격증 시험공부를 처음 시작했을 때는 공부법을 잘 알지 못했다. 그저 무대포로 밀어붙이기 식의 다소 무식한 방법으로 공부했다. 하지만, 경영지도사 시험에 합격한 이후 다른 공부들을 계속해오면서 보다 효율적인 공부 방법을 이해하게 되었다.

지금같이 공부법을 알았더라면 훨씬 효율적으로 공부할 수 있었는데, 필자는 공부를 너무 힘들게 한 것 같다. 공부 외에는 어느 것에도 관심을 두지 않으려고 스스로를 철저히 고립시켰다. 외부와의 모든 연락을 단절하였다. 잠자는 시간, 밥 먹는 시간,

가끔 뒷산에 오르거나 운동하는 시간을 빼고는 하루 종일 공부만 했다.

무척 외롭고 고독했지만 원하는 것을 이루기 위해서, 아버지와 한 약속을 지키기 위해서 그 정도의 고통쯤은 견뎌야 한다고 생각했다. 책을 처음 볼 때는 해당 분야에 대한 사전 지식이 없으면 아무리 집중해서 읽어도 잘 이해가 되지 않았다. 무슨 말인지, 외계어도 아니고 외국어도 아니고 분명히 한국말인데 도무지 알 수가 없었다.

논술식 2차 시험은 교재나 시험 범위가 따로 정해져 있지 않아서 기본 서적만 공부해서는 안 되었다. 가능한 한 과목마다 관련 서적 여러 권을 보아야 했다. 같은 내용이라도 저자마다 다르게 설명하였고 다른 용어를 사용하였다. 그런 것들을 극복하려면 과목마다 될 수 있는 대로 많은 책을 정독해서 자신의 것으로 만들어야 했다.

책을 외우는 가장 좋은 방법은 책 내용을 직접 요점 정리하는 것이다. 이런 방법을 쓰면 시간이 많이 소요된다는 단점이 있지만 외우기도 쉽고 전체 책 내용을 빠르게 이해할 수 있다. 필자는 과목마다 3권 정도의 두꺼운 책을 요점 정리를 해서 외우고, 외운 것을 바탕으로 책을 통문장으로 반복해서 정독했다.

처음 책을 볼 때는 이해가 잘 되지 않았어도, 두 번째 보면 조금 더 이해가 되고, 그 다음에 볼 때는 더 많이 이해가 되었다. 책을 읽는 속도도 점점 빨라졌다. 처음에 책 한 권을 보는 데 한 달이 걸렸다면 그 책을 두 번째 볼 때는 3주 정도 걸리고, 그 다음에 볼 때는 1주밖에 안 걸렸다. 이렇게 책 내용을 점점 이해하고 파악하면 책 한 권을 처음부터 끝까지 읽는 시간이 점점 단축되다가, 나중에는 한 시간 만에 모두 볼 수 있게 되었고, 시험장에서는 10분 만에 책 한 권을 처음부터 끝까지 훑어보았다.

오랜 시간을 투자해야 하는 시험공부가 힘든 이유는 공부가 어렵기 때문만이 아니다. 공부를 하고 싶은데 공부만 할 수 있는 환경이 주어진다면, 공부가 아무리 힘들어도 공부하고 싶은 사람에게는 행복이다. 하지만, 현실은 그렇지 못하다. 성인이 되면 학창 시절과는 달리 편안히 공부만 할 수 있는 여건을 갖기가 어렵다. 공부가 직업인 학생들도 때때로 공부에만 전념할 수 없는 상황을 맞이하는데, 성인은 더욱 그렇다. 하지만, 아무리 힘들어도 그런 상황을 견디고 싸워 이겨야 한다.

필자에게도 공부에만 전념할 수 없는 그런 순간이 몇 번 있었다. 그때마다 스스로에게 주문을 걸었다. 이 힘든 상황은 다음 단계로 올라가기 위한 난이도 레벨1의 스테이지다. 이걸 견디고 극복해야 다음 단계인 레벨2로 업그레이드 할 수 있다. 여기서 포기하면 절

대로 다음 스테이지로 올라갈 수 없다. 그러니 무조건 참고 이겨
내야 한다.

지금 생각해 보니 이렇게 순간순간을 이겨냈던 것이 큰 힘이 되
었다. 힘들게 공부한 보람이 있어서 다행히 필자는 그해에 경영지
도사 1차 양성과정 시험과 2차 시험을 모두 합격하였다. 물론 1차
시험은 양성과정이라는 제도를 이용하긴 했지만. 아버지와 한 필
자의 일방적인 약속을 지키게 되었다.

시험에 합격한 후 많은 사람들은 필자가 어떻게 1차 시험과 2차
시험을 한 번에 합격했는지 궁금해 했다. 부러움 반에, 호기심 반
일 것이다.

당시에 필자는 1년 만에 경영지도사 자격증을 따야하는 절박한
이유가 있었다. 오랫동안 병원에 계시는 아버지가 언제 돌아가실
지 모른다는 불안감 탓이었다. 필자는 시험공부를 시작하기 전에
병원에 입원한 아버지를 찾아가, 아버지 딸이 시험에 합격할 때까
지는 더 아파도 안 되고 돌아가서도 안 된다고 말씀드렸다. 그
건 아버지가 꼭 지켜야할 의무라고 말씀드렸다. 발음도 제대로 되
지 않던 아버지는 그렇게 하겠다고 대답하셨다.

아버지는 필자가 일방적으로 부여한 의무를 끝까지 지키셨다.

하지만, 필자가 경영지도사 시험에 합격을 하고 몇 달이 지난 후 아버지는 돌아가셨다.

필자가 경영 지도사 시험을 보기로 결심한 건 대체로 네 가지 이유에서다. 첫째는 아무나 하지 못하는 어려운 도전으로 스스로를 증명하고 싶었다. 두 번째는 두 차례 창업으로 겪은 뼈아픈 트라우마(trauma)를 해소하고 싶었다. 세 번째는 아버지가 기뻐하고 자랑스럽게 생각할 무엇인가를 보여 주고 싶었다. 네 번째는 퀄리티(quality)를 쌓아서 다시 도약하는 기회를 만들고 싶었다.

이 가운데 첫 번째 목표는 경영지도사 시험 합격으로 이루어졌고 두 번째, 네 번째 목표는 앞으로 계속 하면 된다. 하지만, 세 번째 목표는 영영 이루어질 수가 없다. 그 이유는 내가 시험에 합격하던 그 해에 얼마 지나지 않아 아버지가 돌아가셨기 때문이다.

현재 필자는 대학원에서 환경관련 경영 공부를 계속하고 있고, 경영지도사로서 정부의 중소기업관련 여러 지원 사업들이 중소기업에 그 혜택이 돌아가게끔 하는 일을 하고 있다.

저자 후기

이 책을 쓰겠다고 마음먹은 것은 2010년에 국가 자격증 시험을 준비할 때부터이다. 당시에 필자는 국가 자격증 공부를 시작하는 것이 절실하게 필요했다. 하지만, 국가 자격증에는 어떤 것들이 있고 공부를 시작하기에 앞서 무엇을 알아보아야 하는지, 어떤 유의 사항이 있는지, 필요한 여러 정보를 알려 줄 정보처나 정신적인 멘토가 없었다.

또 공부하는 것도 너무 오랜만이라 효율적으로 공부하는 방법을 알지 못했다. 특히 논술식 2차 시험은 어떻게 준비해야 할지 막막하기만 했다. 그래서 누가 이런 것들을 알려주면 좋겠다고 생각했다. 공부를 하며 힘들거나 마음이 흔들릴 때 포기하지 않도록 돕는 정신적인 멘토가 있었으면 좋겠다고 생각했다.

그때 필자는 공부에만 집중해서 빠른 시일 내에 원하는 결과를 얻기 위해 하던 일도 접고 오로지 공부에만 매달렸다. 따라서 다른 사람보다 많은 시간을 공부에 투자할 수 있었다. 무슨 특별한 공부법이 있지 않고, 질보다는 양으로 밀어붙이기식 공부를 했다.

그런 무지막지한 방법이 효과가 있었는지 없었는지 모르겠지만, 그 해에 필자는 원하던 경영지도사 1차 시험과 2차 시험에 모두 합격했다. 그때를 계기로 필자는 계속해서 여러 가지 공부를 이어 갔다. 공부에도 근력이 있어 하면 할수록 늘고 자신(自信)이 붙었다.

처음 공부를 시작하면서 좌충우돌 밀어붙이기식 공부를 한 경험과 국가 자격증 시험에 합격하고 계속 공부를 하며 깨달은 효과적인 공부 방법들을 정리해서, 필자처럼 공부를 처음 시작하는 많은 사람들에게 도움을 주고 싶었다. 필자가 말하는 공부법들이 왜 효과가 있는지 이론적인 설명을 덧붙여 확신을 주고 싶었다.

또 필자가 그 당시에 절실하게 필요로 했던 정신적인 멘토를 수험생들에게 되어주고 싶었다.

그런데 책을 쓴다는 것이 그리 쉬운 일이 아니었다. 글을 쓰겠다고 마음먹어도 책상 앞에 앉기가 쉽지 않았다. 책상에 앉아도 멍하니 있거나 필요도 없는 책상 정리를 하기 일쑤였다.

필자가 글을 쓰기로 마음을 먹고도 쉽사리 시작하기 어려웠던 이유는 시험공부를 할 당시와 그 이후를 떠올리는 것이 필자에게는 고통스러운 일이었다. 필자가 시험공부를 할 때 아버지가 오랫동안 병원에 입원해 계셨는데, 공부한다는 이유로 자주 내려가지도 못하고 전화 통화도 자주 하지 못했다. 그 전에는 최소한 2~3달에 한 번은 지방에 내려가 아버지를 잠깐이라도 보고 전화 통화도 일주일에 두세 번 정도는 했었다.

아버지는 필자가 시험을 합격하고 얼마 지나지 않아 돌아가셨다. 필자는 아버지에게 시험공부를 하는 동안 자주 못 올 텐데, 그동안 아버지는 절대로 더 아프시거나 돌아가시면 안 된다고, 그것은 아버지의 의무라고 말했다. 아버지는 필자와 한 약속, 필자가 일방적으로 부여한 의무를 끝까지 지키셨다. 필자는 아버지가 그렇게 금방 돌아가실 줄 몰랐다.

경영지도사가 된 다음에 자주 전화를 드렸어야 했는데 그러지 못한 것이 죄송스럽다. 또 아버지가 건강했을 때 더 좋은 시간을 함께 나누지 못한 것이 후회와 회한으로 남는다.

글을 쓰며 아버지가 떠올라 많이 울었다. 더 이상 글이 써지지 않아 중간에 포기하고도 싶었다. 필자가 치열하고 절박하게 공부한 가장 큰 이유는 아버지에게 인정받고 싶어서였다.

하지만, 나중에는 아버지를 생각해서라도 꼭 이 책을 완성해야겠다고 마음먹었다. 나중에는 이 책을 쓰는 것이 가장 중요한 일이 되었고 이 책을 완성하지 않고는 그 어떤 다른 일도 손에 잡히지가 않았다. 마치 필자가 처음으로 자격증 시험을 준비하며 외부와의 연락을 모두 끊고 공부만 하던 2010년 그때처럼 잠자고 밥 먹고 글만 쓰는 그런 시간을 한 달 동안 보냈다.

아버지에게 많은 것을 못 해 드린 죄책감과 가슴 아픔이 글을 쓰는동안 조금은 치유가 되는 것을 느꼈다.

이 책이 빨리 세상에 나가 많은 사람에게 도움이 되었으면 좋겠다.

2012년 1월 27일

황 새 벽

– 이제는 천 개의 바람이 되신 아버지께 이 책을 바칩니다 –

참고 문헌

소비자행동론 : 김성영 · 이진용 · 라선아 공저
　　　　　　　　　　　　– 한국방송통신대학교 출판부

A+서술시험 답안쓰기 : 한금윤 – 지식의 날개

마케팅원론 : 안광호, 하영원, 박흥수 – 학현사

성공한 내 모습을 상상하라

정문섭 지음 | 신국판 | 값 15,000원

서울시장을 역임하고 민선 충청북도지사를 재선한 후 아름다운 퇴장을 선택한 이원종 지사, 최초의 민간인 출신 한국거래소 김봉수 이사장, 전 세계 마그넷 시장을 석권한 (주)자화전자 김상면 대표, 초우량 반도체회사를 일군 (주)세미텍 김원용 대표, 암 연구 분야의 세계적 권위자 박재갑 국립암센터 초대원장, 국내 정크아트를 개척한 (주)정크아트 오대호 대표. 끊임없는 노력과 명쾌한 목표의식으로 성공에 이른 여섯 주인공의 치열한 생애를 살펴본다.

네트로피 2.0

한지훈 지음 | 신국판 | 값 13,000원

우리 가슴속에는 이미 최고의 '나'가 존재한다. 이책을 통해 그 최고의 나를 만나는 네트로피를 발견하라. 엔트로피 상태에서 네트로피 상태로의 전환은 당신의 인생에 극적 반전을 불러올 것이다.